出口 汪

出口 汪の「すごい!」記憶術

ソフトバンク文庫

NF

JN266819

本作品は当文庫のための書き下ろしです。

はじめに

ものを覚えるのが苦手、覚えてもすぐに忘れてしまう、そんな人はたくさんいるのではないでしょうか。実は、私もそんな一人でした。

私が受験生だった三十数年前の勉強法は、詰め込み式の丸暗記が当たり前で、「努力」「根性」が合言葉のようになっていました。しかし、私はそんな「根性論」に反発、嫌悪していました。

「どうせ辛い思いをして覚えたって、すぐに忘れちゃうんだから、意味がないじゃないか」「丸暗記したことが社会に出て、一体何の役に立つというんだ」

そんな思いを強くして、覚えることよりも論理的に考え、理解することの大切さに重きを置くようになりました。

そして、予備校の現代文・小論文の講師になってからは、多くの受験生に「論理」の重要性を説き、それに磨きをかけてほしいと考えるようになりました。

当時は、どうしたら論理的に「考え」、さらに考えたことを文章として「書き」、さらには「話す」ことで表現できるかというテーマと格闘する日々だったといっていいかもしれません。

そんな日々の中で、私はそれまで見落としていた大切なことに気づきました。それは多くの知識を獲得することの重要性です。どんなに論理的に考えようとしても、ベースになる知識がなければ考えは深まらないし、広がっていかない、そんな当たり前の事実に思い至ったのでした。

考えることばかりに目が向いていた私が、覚えること、記憶することに初めて真剣に向き合うことになりました。

それはつまり、覚える力と、理解し考える力、この両方が身についてこそ本当の力になる、勉強の最強の「武器」になると確信した瞬間でもあります。

それからは、記憶術について真剣に研究をするようになりました。そして、さらにわかったことは、「理解しなければ覚えられない」ということでした。

加えて、最新の脳科学も勉強し、単語集の一ページ目から順番に覚えていくような従来の詰め込み式の記憶術が、いかに非科学的で成果も得られないかということもわかってきました。こうした記憶術の研究と、私が得意とする論理力とを組み合わせたのが、本書で紹介するもっとも効率的で、効果的な記憶術や学習法なのです。


努力しているのに覚えられないと悩んでいる人、覚えてもすぐに忘れてしまう人、それは勉強の方法、覚え方が理に適《かな》っていないからです。

頭の良し悪しなどは一切関係ありません。それが証拠に、私が記憶術を教えた生徒たちは、東大を始めとした難関校に、何人も合格していきました。

人間の脳は一度覚えただけではすぐに忘れるようにできている。だからこそ記憶術が必要だということを知らなくてはなりません。

私が本書で皆さんに教える記憶術の基本は、とてもシンプルです。

理解する↓覚える↓覚えた知識を使って考える↓記憶を定着させる

記憶力を高めるには、このサイクルを意識しながら学習するだけでいいのです。これができれば、いろいろなことがどんどん覚えられ、しかも、忘れなくなります。そして、その知識は、思いのままに使いこなせる「生きた知識」にもなるのです。

覚えることや学ぶことで悩んできた、たくさんの人たちに、知識がどんどん増えることの楽しさをぜひ味わってほしい、そう願って本書を執筆しました。

目次

第2章　あなたはなぜ忘れてしまうのか?

第3章 論理を使えば記憶力はグンと高まる

第4章 頭が良くなる〈出口式〉記憶術

第5章　資格試験・受験に強くなる記憶術

あいの自己紹介

初めまして。私の名前は、あいです。

今年、大学三年生で、シューカツ（就職活動）の真っ只《ただ》中。私にとって、今から一番心配なのが筆記試験なんです。だって私、受験勉強でも暗記科目が不得意で、とにかく覚えることがとっても苦手。経済とか政治のこととか、そんな一般常識の問題なんて、全然興味がないし、これから覚えるのなんてとても無理！

それで、姉のゆいに相談したら、出口先生を紹介してくれたんです。姉は先生からこれまでに三回もレッスンを受けていて、出口先生なら、たくさんの受験生を指導してきたから、絶対に効率のいい記憶術とか勉強法を教えてくれるよって。

これから先生に教えていただくことで、私の人生は決まる！　それくらいの意気込みで、先生からいろいろなことを学ばなくちゃと思ってます。

出口先生、こんな私ですけど、どうか、よろしくお願いします！

第1章

これまでの記憶術は間違いだらけ!?

今もまかり通る旧式記憶術

出口先生、初めまして。あいです。今日はよろしくお願いします。

こちらこそ。「妹が先生に相談があるって言っていますので、お時間いただけませんか。彼女、珍しく真剣に悩んでいるようなので、力になってください。よろしくお願いします」って、お姉さんのゆいちゃんからメールをもらっていたんだ。あいちゃんの相談て、一体どんなことなんだろうと、思っていたんだよ。

そうなんですか？　お姉ちゃん、心配してくれてたんだ。

そりゃそうさ。妹が悩んでいたら普通は心配するさ。ところで、あいちゃんはどんなことで悩んでるの？

はい。私は現在大学三年の二一歳で、現在シューカツ中なんですけど、どの会社からもなかなかいい感触が得られなくって……。書類で落とされちゃう会社もいっぱいあるし、それに、筆記試験とかかなり苦手なんですよ。だから、いい勉強法っていうか、対策っていうか、教えてもらえないかなって。出口先生は受験対策のプロ中のプロだって聞いたし、お姉ちゃんも先生からいろいろと教えてもらって、考え方がすっごく変わったって、大喜びしてたから。

そうか。就職活動の真っ只中なんだ。あいちゃんは、私を受験対策のプロと言ったけれど、私はもともと現代文・小論文の講師だからね。もちろん、試験勉強のやり方とか、いろいろ指導できることはあるけれど、数学を教えてくれと言われても困っちゃうよ。

実は私、ものを覚えるのが苦手なんです。覚えなきゃって頑張るんだけど、なかなか頭に残らないし、覚えてもすぐに忘れちゃって。入社試験って、

これまで知らなかった政治や経済の一般常識とか、いろいろ覚えなきゃいけないから、すっごく焦っちゃってるんです。

あいちゃんは、これまで試験のときとかどうしてきたの？　受験勉強とか……。

学科では、やっぱり暗記系の科目が苦手で、日本史のいろんな事件とか、年号とか、とにかく覚えるのにすっごく時間がかかって。あと、化学の元素記号とかも覚えるのに苦労したなぁ……。あの頃には絶対戻りたくないっ！

ずいぶん言葉に力が入ってるね。本当に苦労したんだね。

苦労しました！　それに、くやしいのは、せっかく頑張って覚えても、すぐに忘れてしまうんです、私。前の晩遅くまで勉強して一度は覚えて、やれやれと思って寝るんですけど、朝起きたらもう忘れてる。あの苦労は一体何だ

ったのって思っちゃいます。

じゃあ、あいちゃんはどちらかというと理科系なのかな？　数学とか物理とかが得意だった？

いえ、そんなに苦手というわけじゃなかったのですが、むしろ英語が得意だったんで、大学は文系の学部に入りました。経営学部です。

でも、英語も暗記系の科目の一つだといえるかもしれないよ。それこそ単語とか、たくさん覚えなきゃいけないけど、それは大丈夫だったの？

はい。私、洋楽に興味があって、英語の歌詞の内容を知りたいと思って、マメに辞書を引いたりしてて。そのせいか、だんだん英語が好きになって、単語を覚えたりするのもさほど苦労しませんでした。

それなら大丈夫だよ、あいちゃん。英語の単語は覚えられたんだから、記憶力が悪いわけじゃないことが証明されてるしね。

えっ、そうなんですか？　でも、そう言われてみれば確かにそうかも……。
何だか、ちょっと安心！

……いきなりそこまで安心されても困るけど、まあ、いいか（笑）。
ところで、あいちゃん、昔から、記憶術とか勉強法とかの本はたくさん出版されてるんだけど、なぜそんなにたくさんの本が、ずっと出ていると思う？

それはやっぱり、私みたいに、なかなか覚えられない、勉強の仕方がわからないって人が多いからでしょうか？

もちろん、それはそうなんだけど、ちゃんとした記憶術や勉強法が知られていないからだと思わないかい？　だって、この勉強法なら、こういうふうにすればきちんと覚えられるという本があれば、そんなに次から次へと本は出ないんじゃないかな。

あ、そうか。ということは、これまでの本はダメってこと？　役に立たないってことなのかしら？

いや、何もそこまで言ってるわけじゃないさ。でも、間違った勉強法、記憶術がまかり通ってきたことも確かだ。間違ったやり方でも運よく成果が上がった人もいる。でも、そうした人は逆に不幸かもしれない。その成功体験が邪魔をして、自分のやり方が間違っていることに気づけないのだから。もし、気づいたとしても、成功体験があるから、そのやり方をなかなか捨てられない。そういう人が結構いるはずだ。

ふ～ん。何となくわかるような……。

ゴルフでも、間違ったスイングを身につけた人が、それで一度でもいいスコアを出してしまうと、そのあと壁にぶつかっても、素直に他人のアドバイスを聞けないし、間違ったクセがなかなか直らないって言うよね。それと一緒なんだ。人間はだいたい、一度身についてしまったものはなかなか捨てられないし、忘れられないものなんだ。

なるほど……。よくわかります。

コツコツ記憶術の落とし穴

あいちゃんは、**勉強ができる人**というと、どんなイメージがあるかな。

うーん……。毎日、家に帰って、何時間も机に向かっているような人かな。それから、電車の中でも、単語帳を見てたり。

そうか、いわゆる「ガリ勉」タイプだね。でも、長年、受験生を見てきた私に言わせると、そういうタイプは意外に伸びないんだ。コツコツ勉強して、暗記することを否定するわけではないけれど、ただの「詰め込み」だけでは、効率が悪いし、役に立たない場面も出てくるんだ。

受験生で成績がグンと伸びるのは、実は、クラブ活動もすれば遊びもする、異性にもモテる、でも、勉強もしているというタイプなんだ。

えっ、そうなんですか？　確かに高校のときのクラスにもそんな子がいて、スイスイと一流大学に入っちゃいました。

その同級生は、きっと理に適った勉強のやり方をしていたんだ。だから、短時間の勉強でもしっかりと身につき、成果が上がったんだろうね。

そうなんだあ。私、その子は宇宙人か何かだと思ってたぐらいです。

私から見たら、あいちゃんの方が宇宙人のように思えるけど……。

えっ？　先生、今何か言いました？

いやいや（笑）。まあ、ともかく、頭の良し悪しよりも**勉強法が大切**だってことだよ。

これから、順を追って説明していくけれど、まずはインプット。これこそ記憶するということだけど、そのやり方が大事だ。それも、ただインプットするだけではなくて、必要に応じて、状況に応じて、それをアウトプットできなければならない。そのためには、理解することが大切になるんだけど、**記憶と理解は表裏**

一体だからね。

う〜ん。先生、難しいですよ。もっとわかりやすく言ってください。

たとえば、あいちゃんが家電量販店にタブレット型のＰＣを見に行ったとしよう。いろいろな製品があって、どういう違いがあるのか、見ただけじゃわからない。それで、店員に質問したとする。ここまではいいかい？

そのくらい、わかりますよっ！

そうだよね（笑）。すると店員は、四つの製品のそれぞれの性能を順番に説明してくれた。それを聞いて、果たしてあいちゃんは「じゃあ、これを買おう！」と思えるかな？

多分、買わないです。だって、性能を説明されたって、詳しくないからどう違うのかとか、自分が使うならどれがいいかとか、全然わからないもの。

そうだよね。店員として大切なのは、いま、あいちゃんが言ったように、製品の違い、とくに、何に使うならこれがいいとか、それぞれの製品の特徴を挙げるとか、スペックだけ聞いたのではわからない部分をお客に伝えて、判断の材料を与えることだよね。

でも、もし別の店員が、「お客さまはどういうふうにタブレットを使われるんですか?」と質問してきて、あいちゃんが「こういうふうに使おうと思っている」と答えたときに、「それなら、こちらがいいと思います」と勧められたら、買ってみようかという気が起こっちゃうんじゃないかな。

そうですね。その日は見るだけと思っていても、そういうふうに勧められたら、その場で買っちゃうかも。

最初の店員は、実はそれぞれの製品のスペックをただ覚えただけなんだ。でも、次の店員は、それをきちんと理解して、お客の使い方に応じて、どの製品が合っているか、自分なりの判断、考えを持っていた。

勉強したり、ものを覚えるときに大事なのは、このレベル、つまり覚えるだけでなく、理解して、自分の考えを持てるところまで到達するということなんじゃないかな。

でも、それって、すごく難しくないですか。

だから、記憶術が大事になるんだよ。英単語や熟語のカードをつくって覚えている受験生は今でも多い。コツコツ記憶術の典型だ。でも、それじゃあ覚えた単語や熟語を必要な場面で使えるか、本当に肝心なのはそこだよ。

「必要な前置詞を入れなさい」っていうような穴埋め問題なら、パッと答えが出てくるだろう。でも、それ以外の場面、たとえば、街で外国人から英語で道を聞かれたとき、適切な単語、熟語が考えなくてもすっと出てきて、道を教えられるかといったら、疑問だよ。

でも、受験生だったら、外国人に道を教えられなくたって……。

そうかな？　英語で道を聞かれたときに、パッと答えられる。これは、英作文の問題に答えるのと、基本的には一緒のはずだ。英作文問題の日本文を読んで、一つひとつの言葉を英語に置き換えてなんていうレベルでは、合格は望めないだろうね。

それに、あいちゃんは受験勉強をするわけではないのだから、なおさら、こういう記憶の仕方ではダメっていうことになるんじゃないかな。たとえ入社試験に向けて勉強するんだとしても、入社試験では、単純な穴埋め問題なんて出ないと思うよ。

じゃあ、コツコツ覚えていくようなやり方は、無意味ってことになるのかなぁ。

いや、そうした覚え方を完全に否定しているわけじゃない。ものを覚えるときには、地道に覚えていくっていう作業が必要なこともあるからね。だけど、**機械的にただ覚えるというやり方では効率も悪いし、定着率も低くなる。**役に立つ記憶や知識にはならないって言いたいんだよ。

失敗スパイラルに陥るな

私は三十年以上、予備校の講師として、ものすごい数の受験生を見てきた。だから、ひと目見ただけで、この子は合格するかどうか、だいたいわかるんだ。

えっ、ホントに？　やっぱり出口先生は、受験対策のプロ中のプロなんですねぇ。

まあ、経験を積んだ講師だったら、ある程度見分けがつくんじゃないかって思うけどね。じゃあ、合格する受験生と合格できない受験生、あいちゃんは、どこが違うと思う？

それは、やっぱりどれだけ勉強してるかってことでしょ？　それしかないような気がする。

それは、確かにその通り。勉強しなかったら、成績が伸びるはずはないからね。でも問題は、勉強しているのに成績が伸びない受験生がいるっていうことなんだよ。一生懸命勉強しているのに、ちっとも成果が上がらない、そんな受験生って、結構いるんだ。

何だか、今の私みたい……。

そうした努力をしても成果の上がらない受験生の多くは、自分の努力が足りないんだと思って、もっともっと頑張る。しかし成績は上がらない。こんなに辛いことはないよね。それで、がっかりしてしまって、「自分は頭が悪いんだ」って、あきらめてしまう。そんなケースもよくある。

それって悲劇……。他人事じゃないから教えてください。先生、勉強しても成績の上がらない人って、何が悪いんですか？　頭が悪いってわけじゃないんでしょ？

そう、頭が悪い……わけじゃない。

ああ、びっくりした。驚かすような言い方しないでくださいよ。

ごめんごめん。**成果が上がらない原因は、勉強の仕方が悪いといって、まず間違いない。**間違った勉強の仕方、効率の悪い覚え方をしてるんだ。それに気づかないで、「自分は頭が悪いから」とあきらめてしまうのは確かに悲しいよね。だって、それは受験をあきらめるだけじゃなくて、自分の将来を見限ってしまうことにもつながるんだから。

一度、「自分はダメだから」とあきらめてしまうと、それがトラウマになって、先々困難なことにぶつかったときにも、「どうせ、やってもダメだから」と、トライすることさえ放棄してしまうことにもなりかねない。そんなことになったら、あいちゃんの言うように、それこそ「悲劇」だ。

でも、頭のいい悪いって、やっぱりあるんじゃないかなぁ。だって、やっぱり「この子は頭がいいんだ」っていう友達、いますよ。

まあね、頭の良し悪しっていうか、持って生まれた才能というか、得手不得手《えてふえて》というか、そういうのはないわけじゃないけどね。ノーベル賞をもらった山中伸《しん》弥《や》教授、あのくらいのレベルになると、やっぱり才能が必要になるんだろうな。でも、**仕事に必要な知識やスキルを身につけるといったレベルで、才能の有無は関係ない**。

そうなんですか。でも、小学生でも頭のいい子、悪い子はいるし、社会人で仕事ができる人、できない人がいますよね？

確かにね。だけど、それは頭のいい悪いというよりも、勉強の習慣の有無とか、要領の良し悪しとか、そういう部分なんじゃないかな。それと、**仕事ができるで**

きないは、やる気とか努力とかの差が大きいんだと思うよ。できる人っていうのは、人の見ていないところでかなりの努力や工夫をしているもの。

つまり、**私が言いたいのは、やり方が大事だっていうこと**なんだ。**受験勉強でも仕事を覚えるのでも、何かの知識を身につけるのでも、勉強の仕方、覚える方法が大切**で、その方法が間違っていると努力してもなかなか成果が上がらない。それで自分は頭が悪い、才能がないってあきらめてしまう、するとますます成績も上がらない……。あいちゃんにはこんな失敗スパイラルに嵌《は》まってほしくない、心からそう思うよ。

理解と記憶は表裏一体

やり方が問題っていうか、大切ってことかぁ。じゃあ、先生、私みたいに、簡単なことは覚えられるけど、ちょっと難しいことは覚えられないっていう人は、どうすればいいんですか？

今あいちゃんが言ったことの中に、覚えるということですごく大切なことが含まれてたんだけど、自分でわかる？

ええっ？　……わかりません。だって、わかれば悩んだりしませんよ。わからないから、先生に相談にきたんじゃないですか！

そうだったね。まあ、焦らずに、落ち着いて（笑）。

すいません。つい気持ちが入っちゃって。ホントに悩んでるもんで……。

うん、大丈夫。それは私にもビンビンに伝わっているしね（笑）。
ところで、あいちゃんは、「簡単なことは覚えられる」けど、「難しいことは覚えられない」、そう言ったよね。この二つにはどんな違いがあるかな、ちょっと考えてみてよ。

ええっ!?　う~ん……。簡単か、難しいか……、覚えられるか、覚えられないか……。う~ん、難しいなぁ、わからないよぉ……。

それ、それだよあいちゃん！　まさに今言ったことなんだ。

えっ？　今私が言ったこと？　難しくて、わからない……ってことが、何か？

そうさ、「難しくてわからない」って言ったよね。その前には、「難しいことは覚えられない」、そう言った。つまり、**「わからないことは覚えられない」**ということにならないかな。

う~ん、そう言われれば……。聞いたり、読んだりして、すぐにわかることって、覚えられるんですよね。だけど、「何言ってるんだろ？」みたい

なことって、ちっとも覚えられないかも……。

そうなんだ。**人間は、わからないこと、理解できないことは、覚えられないんだ。**たとえば、あいちゃんが苦手だったという日本史だけど、歴史上の人名、織田信長でも豊臣秀吉でも、どんな人か、何をした人か知っているから、その名前も覚えている。

だけど、**ただの記号として何かを覚えようとしても、なかなか覚えられないし、一度覚えてもすぐ忘れる。**

歴史上の人物だけじゃなくて、普段の生活でも、名前をすぐに覚えられる相手もいれば、忘れてしまうこともある。たとえば、その相手に興味を持ったり、何をしているかとか、相手のことがわかったりすれば、自然に名前も顔もインプットされる。だけど、友達に紹介されただけで、どんな人かわからないような場合は、名前を教えられてもすぐ忘れちゃうよね。

そうそう、そうですよね。初めて会った子でも、ちょっと話をして、「ああ、こういう子なんだぁ」って思った子は、絶対に名前を忘れないですもの。でも、先生が言ったみたいに、紹介されただけだと、名前を忘れちゃうことが結構あります。

あいちゃんも私もそうだし、みんな誰でもそうなんだけど、**自分の興味があることは覚えられるものなんだ**。

私が洋楽が好きで、英語の歌詞に関心を持って単語を覚えるのも苦労しなかった、というのはそういうことなんですね。

その通り。「**好きこそものの上手なれ**」って諺《ことわざ》もあるくらいだからね。でも、関心がなかったり、難しいなと嫌気が差してしまうようなことは、なかなか覚えられない。

じゃあ、その違いは何かといったら、理解しているかしていないかということになる。**つまり、理解しなければ覚えられないということなんだ。**

勉強でも、得意な教科はどんどん成績が上がるけれど、苦手な科目はいつまでたっても伸びない、それも同じこと。得意な教科は、勉強してても内容に興味があってわかるから、すぐに頭に入っていくし、覚えられる。苦手な科目は、そもそも関心がない、だから教科書を見ても頭に入ってこない、わからないことばかりだから、ちっとも覚えられない。そういうことなんだよ。

そうかぁ。趣味のことは覚えようとしなくても覚えちゃうのに、勉強はダメっていうのも一緒なんでしょうか。

うん、同じことだよ。趣味のことなら、興味があるから、少しくらい難しくても、人に聞いたり、調べたりしてでも、もっと知ろうとするよね。だから、覚えられる。〇〇オタクって呼ばれる人なんかは、その典型だ。知識の範囲は限定されるけど、たとえば鉄道に関することとか、オタクの頭に入っている知識量はハンパじゃない。

でも、勉強は面白くないものという先入観が頭にあったり、苦手意識があったりするから、本当なら理解できるようなことでも、頭に入っていかなくて覚えられない、そんなところがあるよね。

う〜ん。確かに好きなことをしているときって、「私、ホントは頭いいんじゃない！」って思っちゃうくらい、どんどん頭に入ってくるのに、勉強してると、「やっぱり、私、頭悪いんだぁ……」って思っちゃうかも……。

記憶に頭の良し悪しは関係ない

今、あいちゃんは「頭がいい」「頭が悪い」という言葉を使ったけれど、**基本的に、ものを覚える、記憶するという行為と、頭がいい、悪いは関係ないんだ。**

私たちは「あの人は頭がいいから」とか、「私はバカだから」とか言いたがるけど、さっきも言ったように、かなりのレベルにならなければ、天から授かった才能は関係してこない。むしろ、才能が関係するレベルまでいくのが大変だ、といってもいい。

繰り返すけど、**私たちの日常の生活や仕事、勉強の中で必要とされているレベルでは、才能、頭の良し悪しはほとんど問題にならない**んだよ。

先生、それって、慰《なぐさ》められてるのか、バカにされてるのか、わからないんですけど！

も、もちろん、バカになんてしていないよ。現実の話をしているんだ。

あいちゃんから見たら、私はいろいろなことを知ってると思うかもしれない。確かに、あいちゃんの知らないこと、わからないことを私は知っているし、わかっていると思う。それであいちゃんは、私のことを「頭がいい」と思うかもしれない。でも逆に、私が知らないことをあいちゃんはたくさん知っているはずだよ。

そうかなぁ……。先生が知らないようなことを、私はいっぱい知ってるのかなぁ。そうは思えないけど。

たとえば、ファッションのこと、化粧品のこと、最近の音楽、人気のあるバンドや最近のお笑い芸人のこととか、いろいろと知っているはずだ。でも、私にはそういう知識はない。

そのことだけを考えたら、頭がいいのはあいちゃんで、私は頭が悪いっていうことになるよね。ちょっと屁理屈《へりくつ》っぽく聞こえるかもしれないけど……（笑）。

屁理屈みたいな感じもするけど、そう言われればっていう気もするし……。

あとで詳しく説明するけれど、**人間は一度見たり、聞いたりしただけでは、何**

かを完全に覚えることなんてできない。覚えたつもりでも、そのうち忘れてしまうんだ。

えっ？　でも、一度、聞いただけでも覚えてることってあるんじゃないですか？　たとえば、友達の名前とか……。

一度、名前を聞いただけで、きちんと覚えていられるとしたら、すごいよ。でも、本当のところ、聞いたのは一度だけでも、話しているときに、「○○さんは……」と無意識のうちに呼びかけていたり、話をしなかったとしても、「今日、初めて会ったあの子は……」と顔と名前を思い出したりしてるんじゃないかな。

そういう無意識下で行う**「反復記憶」**があるから、一度しか聞いたことがないはずなのに、その人にしばらくしてから会ったときでも、すぐに顔も名前もわかるんだよ。

そうなんですかぁ。でも、印象が強いとか、弱いとかっていうのもあるんじゃないかなぁ。

まあ、そうかもね。ひょっとして一度しか会っていないのに、印象が残っていて、忘れられない男性があいちゃんにはいるんじゃないのかな?

いるんですよね、いつまでも顔とか声とか残ってる男《ひと》って。逆に、「あ、俺、俺、この前会ったでしょ⁉」って、電話かかってきても、誰だか全然わからない男もいるし……。やだっ、私、何言ってるんだろ。先生、変なこと言わせないで! こんなこと、お姉ちゃんに知られたら、根掘り葉掘り聞かれて全部白状しちゃいそう。いいですか絶対に言わないでくださいねっ!

はいはい(笑)。でも、よく考えてほしいんだけど、いつまでも忘れない人っていうのは、きっとそのあとで、「あの人かっこ良かったなぁ」とか、「また会えるといいな」とかって、知らず知らずのうちに、思い出しているんだよ。それで、記憶が定着するんだ。

そうなのかぁ。でも、その日会った人のことを、知らないうちに考えてるなんて、何だか恥ずかしいっていうか、ちょっとヤバイっていうか。

ヤバイか……（笑）。でも、男性だって、きれいな女の人を見かけると、「さっきの女性、きれいだったな」なんて、つい思い出してしまい、二度と会う可能性もないはずなのに、いつまでも顔を覚えているっていうこともあるからね。

先生の今の顔、鼻の穴が膨らんでて何だかイヤらしいです〜。

ええっ!?　い、いや、そ、そんなことはないよ……。ゴ、ゴホン……。

えーと、だから、まあこんなことは誰にでもあるってことを言いたかったわけで、当人からすれば、不思議に思うことかもしれないけれど、どうして覚えているのかは、ちゃんと説明がつくことなんだよ。

なるほど。自分で知らないうちに、何度も思い出したりして、覚えちゃうんだ……。

そうさ。そういうことには、頭がいいとか、悪いとか、関係ないと思わないかい？

確かに……。まったく関係なさそうです。

また屁理屈っぽいって言われてしまいそうだけど、つまりは記憶、ものを覚えることに、頭の良し悪しは関係ないということなんだ。

はっきり言って、**覚えられるか、忘れてしまうかは、覚えるためのきちんとし**

た作業をしているか、いないかという違いだけなんだ。
勉強でも一緒だ。いくら努力しても成果が上がらない人は、やり方が間違っている。覚えるための作業がきちんとできていない。成果が出ている人というのは、その作業の仕方、つまりは正しい勉強のやり方を知っている。**頭のいい人＝方法を知っている人、頭の悪い人＝方法が間違っている人**、そういうことになるんじゃないかな。

科学と記憶の融合

な、何だかわかりやすい……。それに、ホッとしました。自分が覚えるのが苦手な理由がわかったような気がします。

うん。ものを覚えることで苦労しているのはあいちゃんだけじゃないからね。昔から、みんな苦労してきたんだ。初めに言ったみたいに、本もたくさん出てるしね。それに、科学的に記憶を分析したり、脳の働きと記憶の関係を研究したりということも、ずっと行われている。

へえ、科学的な研究ですか。頭に何か被《かぶ》って勉強すると、すごく覚えられるとか、そういうのですか？

いや、ＳＦじゃないから……（笑）。まあ、そんな研究もあったかもしれないよね、笑い話じゃなくて。

でも、私が出合って、衝撃を受けた科学的根拠に基づいた勉強法、記憶術は、コンピュータを利用したものだ。それを開発したのは、日本で外国語学校をやっていた二人の外国人でね。その外国語学校は、アメリカのハーバードやエールといったアイビーリーガーやＭＩＴ（マサチューセッツ工科大学）、イギリスのオックスフォード、ケンブリッジなどに留学する日本人合格者の八割～九割がそこで勉強したというすごい実績のあるところなんだ。

その二人の外国人がすごかったのは、英語勉強用の端末を開発して、学生はその端末の指示通りに勉強すれば、もっとも効率的に記憶して、しかも忘れないというシステムをつくり上げたところなんだよ。もう「ノーベル賞級の発明だっ!」って思うくらい、衝撃的な出合いだった。

うわっ、すごい! じゃあ、先生、私もそれを使えば、すぐにいろんなことを覚えられるじゃないですか。

でも、それはあくまでもアメリカやイギリスの難関大学に合格するための英語勉強用のものだからね。あいちゃんが留学するために英語を勉強するなら別だけど、そうじゃなければ、その端末を使うというわけにはね……。

なぁんだ、がっかり……。

でも、そのシステム、端末は、英語の勉強だけでなく、受験勉強や記憶術にもいろんなヒントをくれた。私も予備校の講師で、一人でも多くの受験生を志望校に合格させたいと思っていたから、効率のいい勉強法や記憶術をいろいろ探していたんだ。そのときに出合ったのが彼ら二人の開発したこのシステムなんだけど、自分の考えが間違っていないと思わせてくれたし、進むべき方向を教えてくれたと思っている。

じゃあ先生、その方法っていうのを早く教えて！

うん。私が科学的根拠に基づいて考えた、効率的で、効果的な記憶術を、これからあいちゃんに説明していくけど、ものには順序というものがあるからね。それに、ただ覚えるだけじゃなくて、その記憶して蓄積した知識やスキルを使いこなさなければ意味がない。

入力と出力、つまりインプットとアウトプットの関係だね。だから、アウトプットするには何が必要かといったことも含めて、いろいろ教えていくから、焦らないで聞いてほしいな。

そうか、さっき先生がおっしゃった、ただ記憶しただけじゃ意味がないってことですね。すっごくためになりそうなお話だから、落ち着いて、じっくりうかがいます！　はい、どうぞ、先生、お話の続きを、さあ、どうぞ！

まだそれほど落ち着いているようには見えないけど……。

記憶のカギは論理にあり

私は現代文の講師だから、考える力を大切にしてきた。自分の頭で考えて、表現すること、それが現代文ではとても大事だからね。あいちゃんは、現代文は得意だった？

う〜ん……。普通かなぁ。

普通かぁ（笑）。まあ、いいかな。私は考える力、表現する力の大切さをいろんな本で説いているから、記憶することにあまり重きを置いていないんじゃないかって思われることもあるんだけど、そんなことはないんだ。記憶することは、受験生はもちろんだけど、人間にとってとても大切なことなのは当たり前で、それは私も充分過ぎるくらいわかっている。

だって、考えるには知識が必要だからね。知識がなければ、考えることができない。ノーベル賞級の発見、研究だって、先人たちの研究があって、それが基礎になって、画期的な発見や研究につながっている。山中教授の場合も、一緒にノーベル賞を受賞したイギリスのガードン教授の研究などがあっての成果といってもいい。

ちょっと話が難しくなってきたような……。

つまり、**知識も考える力も両方大切だっていうことなんだけど、私が言いたいのは、ここでも「論理」がすごく大事だということ**なんだ。

論理ですか……。そういえば、お姉ちゃんが先生に教えてもらったのが、論理的に考えたり、話したり、書くことでしたよね。

うん、ゆいちゃんにはそういうことをたっぷりと話したんだ。そのとき、ゆいちゃんにも言ったんだけれど、論理はすべての基本になるんだよ。考えることも、理解することも、論理力が必要になる。論理的に考えて、やはり論理的に表現しなければ、どんなに素晴らしいことを思いついても、相手に伝わらないからね。

すごく難しそう。私、無理かも……。

大丈夫だよ。ゆいちゃんも、論理についてはじめて話したときには、「難しそう……」って言ってたんだから。

そうなんだ。ちょっと安心。お姉ちゃんがわかったのに、私がわからないんじゃくやしいから、先生、わかりやすく教えてくださいね。

了解（笑）。それでね、記憶ということで言うと、さっき、理解しなければ覚えられないと言ったよね。何が何だかわからないことは、頭に入ってこないって。

はい。難しくって、わけがわからないことは、ちっとも覚えられないっていうことですよね。

まあ、そうだね。同じ文章を読んでも、理解できる人とできない人がいる。この二人の違いは何かというと、一つは知識があるか、ないか。理解するには知識が必要だからね。でも、もう一つ、論理力のレベルが違う場合が多い。論理的に文章を読んで、考えることができれば理解できることでも、論理力がないために理解できないということがよくある。

試験問題でも、答えがわからないんじゃなくて、質問がよくわからないっていうことが結構あるんだよ。でもそれじゃ正解できるはずがない。**成績のいい人っていうのは、問題を読んだら、どんな答えが求められているか、それがまず正しくつかめるもの**なんだ。

大学の講義のレポートだって、同じだよ。どんな内容を求められているか、理解しなければ、教授を納得させられるレポートは書けない。

どんな内容を求められているか、ですか。ああ、どうしよう！　そんなこと、考えたことなかった……。

社会に出たら、自分に何が求められているかがきちんとわかって、それに応えられる人が**「できる人」**って認められる。

さっきも言ったけど、知識を得るためには、その内容を理解して記憶できるようにするために論理力がいる。そして、その知識を利用して、考えるためにもまた、論理が必要だし、誰かに伝えるにも論理力が欠かせない。

論理力がないと、ものを覚えられないし、考えられないっていうことになっちゃいますね。

極端に言えば、そうだね。自分の世界だけに閉じ込もって生きていくというなら別だけど、**人間にとって論理はとても大切**なんだ。

また難しいって言われそうだけど、**すべての知的行動の基になるのが、論理だと言っていい**。そして、論理には、自分の考えていることを他人にきちんと伝えたい、そしてみんなとつながりたい、お互いにわかり合いたいという衝動、言葉を換えれば、〝愛〟がある。結局、そうした愛こそが論理を生むんだよ。

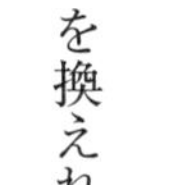

……。実はお姉ちゃんから、「先生はときどきクサイことを言うからね」って聞いてたけど、これがそうなんですね。ふ〜ん……。

……へ、ヘンなところで感心しないでよ。さぁ、次の話にいくよ！

第1章のまとめ

■成果が上がらないのは、「自分の頭が悪いから」ではなく、「努力の仕方が悪いから」

■毎日コツコツ式の「詰め込み」型記憶術には限界がある

■記憶と理解は表裏一体。理解できたことは記憶できる

■頭がいい人＝方法を知っている人。頭が悪い人＝方法が間違っている人

■論理力がないとものを覚えられないし、覚えた知識を利用することもできない

第2章

あなたはなぜ忘れてしまうのか？

忘れるからこそ人は生きていける

先生、そもそもどうして、せっかく覚えたことでも忘れちゃうんでしょう。忘れなければ便利だし、勉強などでも助かるのに……。

そうかな? 私はそうは思わないけどな。あいちゃんの言いたいことはわからないではないけれど〝**人は忘れるから生きていける**〟って言ってもいいのかもしれないよ。

ええっ、そうですか。でも、忘れちゃうから、みんな覚えなくちゃいけないって苦労するんじゃないですか。

まあ、覚えなければいけないことを覚えるのには、確かに苦労しないといけないかもしれないけれど、覚えなくてもいいこともたくさんあるっていうことも忘れてはいけない。それもみんな覚えてたとしたら、かえって大変なような気がするけど。

う〜ん、そう言われればそうかも……。でも、覚えなくてもいいことでも、覚えていて邪魔になるんじゃなければ、覚えておいてもいいんじゃないかなぁ。もしかしたら、役に立つときだってあるかもしれないし。

でも、私たちは毎日、いろいろなものを見て、聞いて、読んで、膨大な量の情報に接しているよね。あいちゃんが大学に通うときに見た風景やすれ違った人、聞こえてきた音、それらはすべて情報として、脳に伝えられている。だから、ふと、「そういえば、今朝、電車の窓から見えた空がきれいだったな」とか、思い出すことがあるんだ。

もし、そういうすべてのインプットされた情報が記憶されて、忘れないとしたら、大変なことになってしまうんじゃないかな。

覚えたくないものも、覚えちゃうっていうことですよね。それはいやだな。だって、気分の悪いこととか、怖い夢とか、みんな覚えていて忘れないってことですよね。

そう。人間には覚えていたくないこともあるからね。そういうことまで自動的に覚えているとしたら苦痛でしかない。それに、人間の脳というのは、まだその仕組みとか働きとか解明されていない部分も多いけれど、無限に情報を記憶、蓄積できるのかっていう疑問もある。もしかしたら、必要のないことは記憶しないというシステムになっているから、覚えなくてはいけないことを新たに覚えられるのかもしれない。

そうか。パソコンだって、何でも構わずデータ保存していると、容量が足りなくなったり、動きが遅くなったりするし……。

もし、脳の保存容量が無限大で、インプットされた情報をすべて記憶しても大丈夫だとしても、その膨大な情報の中から、そのときどきに必要なものをパッと見つけて、取り出すという作業はものすごく大変になるんじゃないかな。不可能だろうって思うよ。

そうですよね。パソコンでもスマホでも、ときどき必要なものだけ残して、あとは削除しておかないと、何がなんだかわからなくなっちゃう。「面倒くさいから、全部消しちゃえ！」って、大切なものまで削除しちゃったりして……。

おいおい、それは乱暴過ぎるよ（笑）。でも、考えてごらん。もし、すべての情報が記憶されてしまうとしたら、毎年頭の中には膨大な情報量が増えていくことになる。子どものうちはいいかもしれないけれど、歳をとったらどうなってしまうだろう。私は五十代だけど、今まで見たこと、聞いたこと、経験したことすべてを覚えているとしたらと想像すると、ゾッとする。

今だって、いやなこととか忘れちゃいたいことを覚えているのに……。

うん、そうだよね。すべてのことを記憶してしまったら、それが脳の中でどう整理されるのか、さらには脳の機能として、必要なときに必要な情報をどう選択して、取り出すのかという問題もあるけど、単に心の健康面でもあまり良くはなさそうだよ。

じゃあ、脳は自分を守るために、忘れるようになっているっていうことなのかしら？

うん、そうかもしれないね。**忘れてしまうから、人間は生きていける、元気でいられるっていうこと**かもしれない。

忘却曲線が示す記憶の限界

でも、先生。それはいいとして、問題は覚えておきたいこと、覚えなくちゃいけないことを、どうすれば覚えられるかってことですよね。私の知りたいのはそこです！　そこなんです！

そ、そんなに前のめりになって顔を近づけなくても……。

確かに本題はそこだ。前にも言ったけれど、人間はずっとものをどうやって覚えればいいか、ずっと悩んできた。だから、さまざまな記憶術が考えられてきたけれど、その中には、非効率なものもなかったわけじゃない。

じゃあ、効率的に必要なものだけを覚えるにはどうしたらいいかといったら、やっぱり**科学的な根拠に基づいた方法がいい**と私は思う。科学的なデータを利用して、必要なときに必要な作業をして、記憶を定着させるというやり方だ。

昔から、記憶についてはいろいろ研究されてきたという話は前にもしたけれど、もう一〇〇年以上も前から、今でも役立つ重要な研究が行われている。

えっ、一〇〇年以上前って、もしかして十九世紀？

そう。十九世紀から二十世紀はじめのドイツの心理学者に、ヘルマン・エビングハウスという人がいる。この人が、自分を実験台にして、記憶したことを時間の経過によってどれだけ忘れてしまうかという研究をしたんだ。

へえ、そんな研究をした人が一〇〇年以上も前にいたんですか？

それだけ昔から、どうやって覚えたらいいかということで、みんなが悩んでたってことだね。もしかしたら人類の永遠のテーマなのかもしれない。

彼の研究結果をグラフとしてあらわしたものが、次の**「エビングハウスの忘却曲線」**というものなんだ。横軸が時間の経過、縦軸が記憶残量を示しているんだ

エビングハウスの忘却曲線

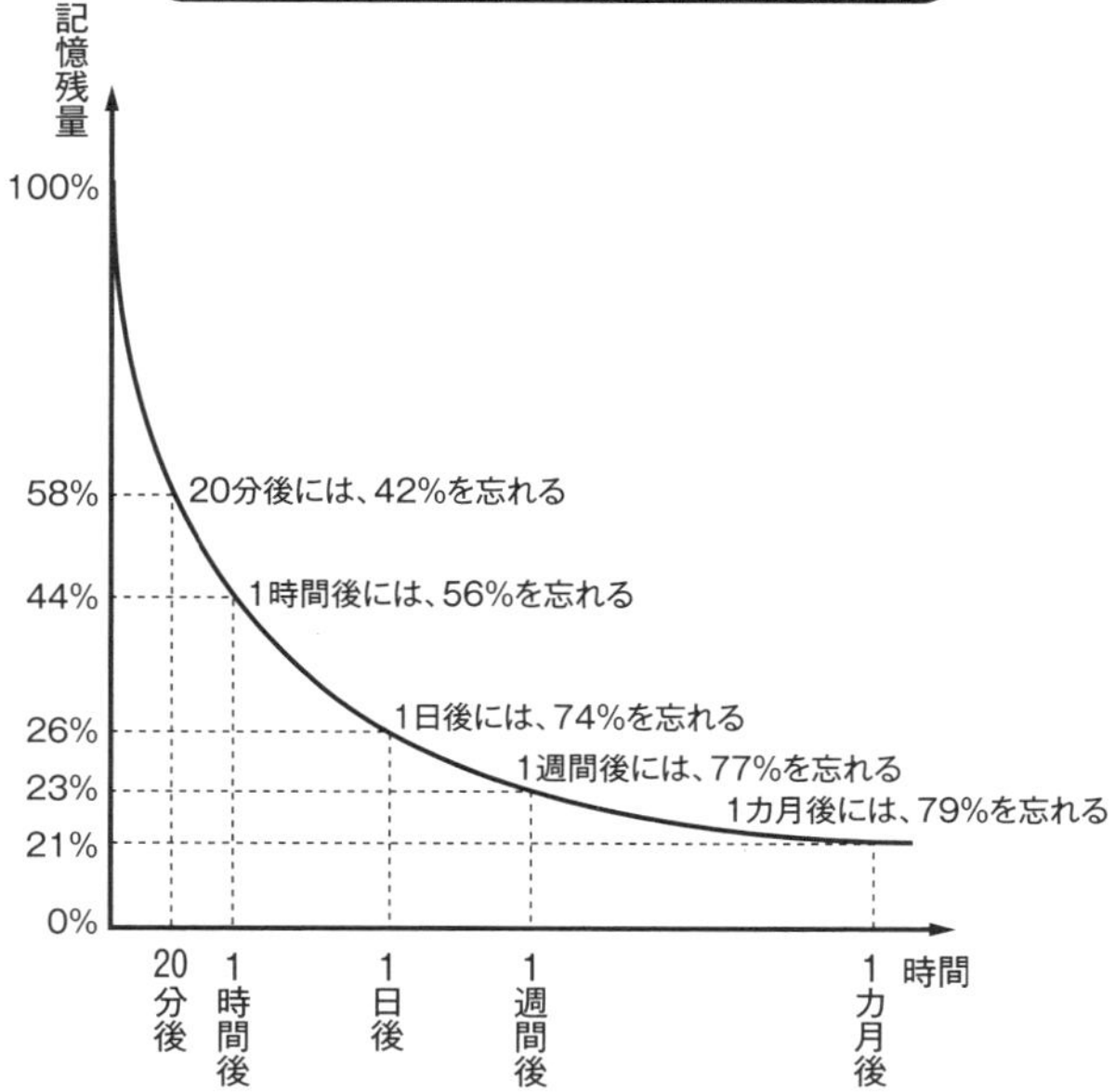

けど、あいちゃんはこのグラフを見て、何か気づくことはあるかな？

う～ん。急カーブを描いて忘れちゃってる、そんな感じがする……。

そうなんだ。**エビングハウスの実験によれば、覚えたことを一時間で半分以上忘れ、一日で七四パーセントも忘れている。**でも、そのあとは記憶の失われ方が緩やかになっていくのがわかる。

ホント。これだと、勉強しても、一日経ったら忘れちゃってることの方が多いってことになる……。

このグラフは、記憶がどのくらい保存されるのか、記憶を定着させるにはどうすればいいかを考えるときにはよく使われるし、とても参考になることは間違いない。

ふ〜ん……。よくわかったような、わからないような。

この「エビングハウスの忘却曲線」からわかることは、人間は一度覚えただけでは、忘れてしまう確率が非常に高い、ということさ。

ふむふむ。それはよくわかります。

ということは、これまでの記憶術、勉強法の欠点が、この「エビングハウスの忘却曲線」で明らかになるんじゃないかな。

私が受験生の頃だけど、一日十個の英単語を覚えていけば、一年三六五日で三六五十個の単語が覚えられるという人がいた。だけど、この「エビングハウスの忘却曲線」を見れば、そんな単純な積み重ねでモノを覚えられるわけじゃないことがわかる。だって単純なかけ算で、一日十個、十日で一〇〇個、一年で三六五十個覚えられるんだったら、誰も勉強で悩んだり苦労したりしないしね。

そうですよね。そんな計算通りにいかないから、みんな苦労するんですよ。もし、そんなに簡単に覚えられるんだったら、私だって先生に相談してません。

本当にそうだね（笑）。じゃあ、「エビングハウスの忘却曲線」から考えられる結論は何かというと、私たちは一度だけの学習では、ものを覚えるのは難しいということ。

ということは、何回か覚え直さなければいけないということですか。復習が大切っていうこと？

そういうこと。「予習、復習が大事」って、あいちゃんも小学生、中学生のときに言われなかった？

先生にも親にも言われ続けました……。

毎日きちんと予習、復習をしている子どもは、おそらくそれほどいないよね。だけど、**「エビングハウスの忘却曲線」を見ても、「予習、復習が大事」というのは、理に適っている**といえるんだ。前の晩に予習しても、授業を受ける頃には忘れかけている。でも、そのときに先生の話を聞けば思い出す。そして、また忘れそうになったときに復習すれば、かなりの確率で記憶が定着される。そういうことになるんじゃないかと思うよ。

前に、クラブ活動もしているし、遊んでもいる。それなのに、成績はいいっていう受験生がいるって話をしたけれど、そういう子にどんな勉強のやり方をしているのか聞いてみると、**予習、復習をしっかりしているっていう子が結構多いのも事実**なんだ。

そうなんだぁ。昔からずっと言われていることって、やっぱり間違いじゃないんですね。

理に適っているし、効果的だから、ずっと言われ続けているんだろうね。

記憶をつかさどる脳の海馬

じゃあ、ちょっと記憶についての脳の働きを説明するよ。でも、そんなに難しいことを話すわけじゃないから、安心して。

脳はいろいろな部分から構成されているけれど、記憶に関するものには、前頭《ぜんとう》葉《よう》、側頭葉《そくとうよう》、それから海馬《かいば》がある。

先生、前頭葉と側頭葉は聞いたことがあるけど、海馬って初めて聞いたんですけど……。

海馬は脳の記憶の門番

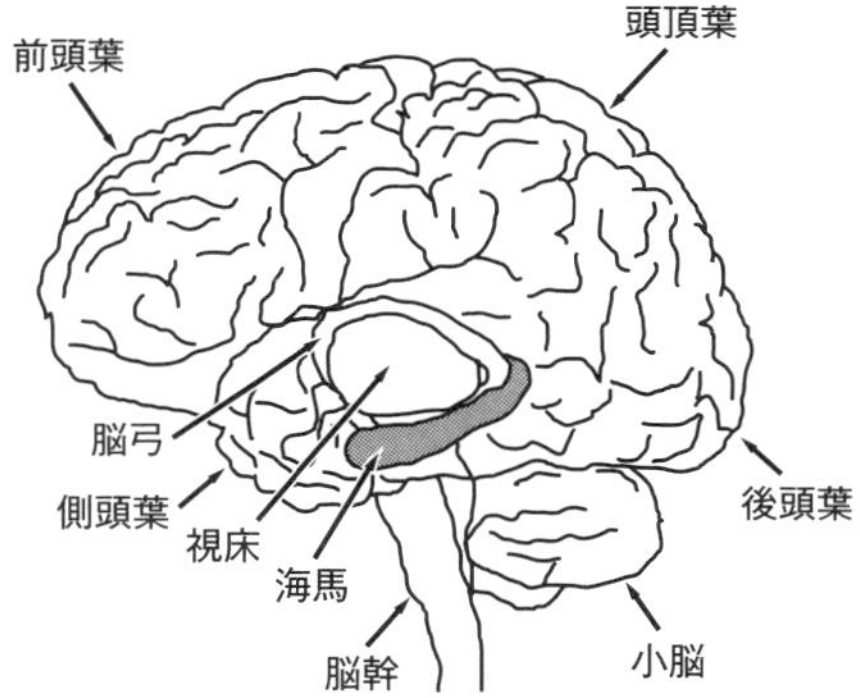

あまり馴染《なじ》みがないかもしれない。でも、記憶に関してこの海馬がとても重要な役割を果たしていることがわかっているんだ。海馬は、私たちがものを見たり、音を聞いたりして得た情報が脳に伝えられたとき、最初に処理する場所なんだ。脳の門番みたいなものかな。

門番、ですか。じゃあ、その門番は、誰かがやって来たら、どうするんですか?

たとえば、「LOVE」という単語を見たとしよう。そのとき、海馬はその言葉を「知っているか、いないか」、「覚えているか、いないか」を判断する。

門番として、以前に来たことがある人かどうかを調べるのね。

うん。海馬がどうやって判断するかというと、まず前頭葉に問い合わせる。前頭葉というのは記憶の司令塔のようなもので、ここは記憶の保存場所である側頭葉を調べるんだ。その言葉が側頭葉になくて、保存が必要なものであると前頭葉が判断した場合は、側頭葉にとりあえず記憶するように指示を出す。

ふ〜ん。門番の海馬は、誰かが来ると司令部の前頭葉に電話で問い合わせて、前頭葉はデータ保管場所の側頭葉を調べる、そんな感じですか？

そう、あいちゃんの説明の方がわかりやすいなぁ（笑）。海馬にも記憶する機能はあるんだ。でも、それは一時的なもので、すぐに消えてしまう。長く保存できる場所が側頭葉になる。

私たちが毎日目にしたり、耳にしたりしている膨大な情報の多くは、海馬に一時的に保存されるだけですぐに消去されてしまって、側頭葉に保存されない。

なるほど。パソコンでいえば、海馬はメモリーで、側頭葉がハードディスクみたいなものですね。

うん、まさにそうだ。この海馬と側頭葉の役割の違いから考えると、**ものを覚えるときには、いかに側頭葉に記憶させるか、そして、その記憶を定着させるかが大切**になる。

そうか。メモリーに入っているだけだと、電源を切ったりしたらすぐに消えちゃうから、忘れずにハードディスクに保存しておかなければならないっていうことか。

大切なデータは、パソコンが故障したり、ハードディスクがクラッシュして消えてしまったら困るから、ＣＤに保存したり、外付けのハードディスクにバックアップしたりするよね。それと同じような作業が、記憶を定着させるということだ。しかも、脳は一度、側頭葉に保存したものでも、そのままにしておくと、消えてしまいかねない。だから、バックアップが不可欠なんだ。

記憶を定着させる基本法則

何だか記憶のコツのコツがつかめそうで、ワクワクしてきました！　ところで先生、記憶の場合のバックアップって、実際の場合は復習ということになるんですよね。

そう。**反復**といってもいいかな。よくスポーツで、ある技術を身につけようと思ったら、何度も体が自然に反応するようになるまで反復しなければならないっていうけれど、それと同じかもしれないね。

でも、何度も反復するのって、時間がもったいない気もしませんか？　一回で覚えられればいいのに。

確かにそうだね。覚えたいと思うものが一度で覚えられれば楽だと思うけど、**記憶の場合、二回、三回と反復する必要がある**。まあ、だからといって、**労力と時間が二倍、三倍になるというわけじゃない**けどね。

この「エビングハウスの忘却曲線」からは、一度、記憶して忘れかけていることをまた記憶し直すのに、どのくらい時間や労力が節約できるのかということがわかるんだ。一時間後なら初めて覚えたときの半分ちょっと、一週間後なら四分の三の時間で覚えられるということが示されている。

しかも、エビングハウスの実験では、無意味な音節を使ったわけだから、覚えにくいし、忘れやすかったと考えられるよね。意味のある言葉や知識なら、もっと効率は上がるんじゃないかな。

そうか、また一からやり直しっていうわけじゃないんですよね。

そう。反復による記憶の定着ということを考えるときに、いつも思うのが電話番号のことなんだ。あいちゃんは、友達の電話番号、覚えているかな？

えっ、覚えてないなぁ。だって、携帯にみんな入ってるじゃないですか。よく電話し合う相手なら履歴を開けばいいし。

そうだよね。あいちゃんは携帯が当たり前の世代だからなぁ。私も携帯を使うようになってからは、電話番号を覚えなくなった。簡単な操作で済んでしまうから、覚える必要がないものね。でも、携帯を使い始める前は、いろいろな人の番号をしっかり覚えていたんだ。

もちろん、すべての人の番号を覚えていたわけじゃないよ。よく電話をかける人、何度も電話した相手というのは、自然に覚えてしまうんだ。なぜかというと、最初に電話するときは番号を見ながら、電話をかける。二度目もそうだね。でも、三度目くらいになると、何となく覚えているけれど自信がないから、番号を確認して電話する。そんなふうに、**何度か繰り返しているうちに記憶が定着する**んだ。自然に反復学習していたんだね。

そういえば、ウチのお母さんも、最近、ちっとも電話番号を覚えなくなったって、しみじみ言ってました。

ある年代以上の人は、みんな同じように思っているんじゃないかな。今は携帯に登録した名前だけ見て電話をかけたり、着信履歴や発信履歴から電話をかけるから、番号を確認することもない。反復していないから、何度かけても番号を覚えないんだろうな。

話を元に戻すと、**記憶で大切なのは、覚えることより、覚えている、忘れないということ**なんだよ。そして、**その頭の中の知識をいつでも使えるということ。**

う〜ん、「覚えている」ですか？　「覚える」と「覚えている」どう違うんだろう？

単に言葉の問題のように感じるかもしれないけれど、**今、覚えられるかではなくて、それが必要とされるときに覚えているかどうかが大事だっていうこと**だよ。**大学受験でも資格試験でも、試験のときに覚えているかどうかが肝心なのであって、勉強したときに覚えたかどうかではない**よね。

ああ、そうですよね。つい、そのときに覚えたかどうかばかり考えちゃうけど、試験のときに覚えていなかったら、何にもならないですからね。

そう。多くの人は、その一番大事なことを見落としがちなんだ。受験生でも、これを考えずに、そのとき覚えることだけに必死になって、試験の時期になったら忘れてしまっていて、焦りまくって、結局失敗してしまうというケースが結構ある。

失われた記憶の回復法はあるのか

なるほど、必要とされるときに覚えているためにはどうしたらいいかが重要ってことかぁ。でも、先生、覚えたのに忘れちゃったことってありますよね。それは、また覚え直さなくちゃいけないんですか？

さっきの「エビングハウスの忘却曲線」を見ても、一度、学習しただけでは、一週間経ったら忘れてしまう。じゃあ、それをしっかりと覚えられるように、覚えていられるようにするには、また、学習しなければならない。それは仕方ないよね。問題は、さっきの話の繰り返しになるけれど、また一からやり直しになるかどうかだ。

そうそう。さっき、先生はそんなことにはならないって言いました。一度目よりは楽だって。

うん。記憶を定着させるためには、何度も学習し直さなければいけないといわれていて、それは、多くの人が実体験でも感じていることなんだけど、だいたい、**四回から五回は反復学習する必要がある**と考えられている。

えっ、そんなに……。考えただけで、大変そう。始める前から、くじけちゃいそうだわ。

ここで忘れてほしくないことがある。**それは、二度目は一度目より楽に覚えられると言ったけど、三度目、四度目になると、もっと楽になるということ。**つまり記憶というのは、どんどん楽になっていくんだ。最初の苦労を四回も五回もしなければいけないのだったら、よほど意志の強い人じゃなければ、そうそう頑張れないよ。

あっ、そうか。そのたびに覚えていることが多くなるし、忘れてもすぐに思い出せるから、大変じゃなくなってくるんだ。

そうなんだ。受験生の中には、科目にもよるけれど、参考書はまったく使わないで、学校の教科書だけで勉強して、一流大学に受かってしまう子もいる。日本史とか世界史はそういう勉強をしている受験生が結構いるよ。彼らがどんなふうに教科書で勉強しているかというと、まさに、教科書を最初から最後まで、何度も何度も読み込むんだ。少なくとも五回くらいは読むって言っていた。

へえ、教科書を五回も通して読むなんて、すごいです！ それだけ読んだら、ホントどこに何が書いてあったか、覚えちゃいそうですね。

そうなんだ。四回目とか五回目になると、確認とチェックの作業みたいになるっていうからね。つまり、教科書の内容を覚えているかどうか、確認しながら読んでいって、あやふやだったことや忘れてしまっていたことをチェックして、きちんと覚え直す作業になるんだね。

とにかく言えることは、**学習を重ねるごとに記憶は一〇〇パーセントに近づいていく**。四度目、五度目の学習は、忘れてしまっていることを思い出して記憶として定着させる、いわば記憶の穴を埋める作業とでもいえるんじゃないかと思う。

最後の頃には、ほとんど覚えちゃっているんでしょうね。

事柄によって、覚えやすいものと覚えにくいものがあるから、最後まで「あれ

学習を重ねると記憶は100%に近づく

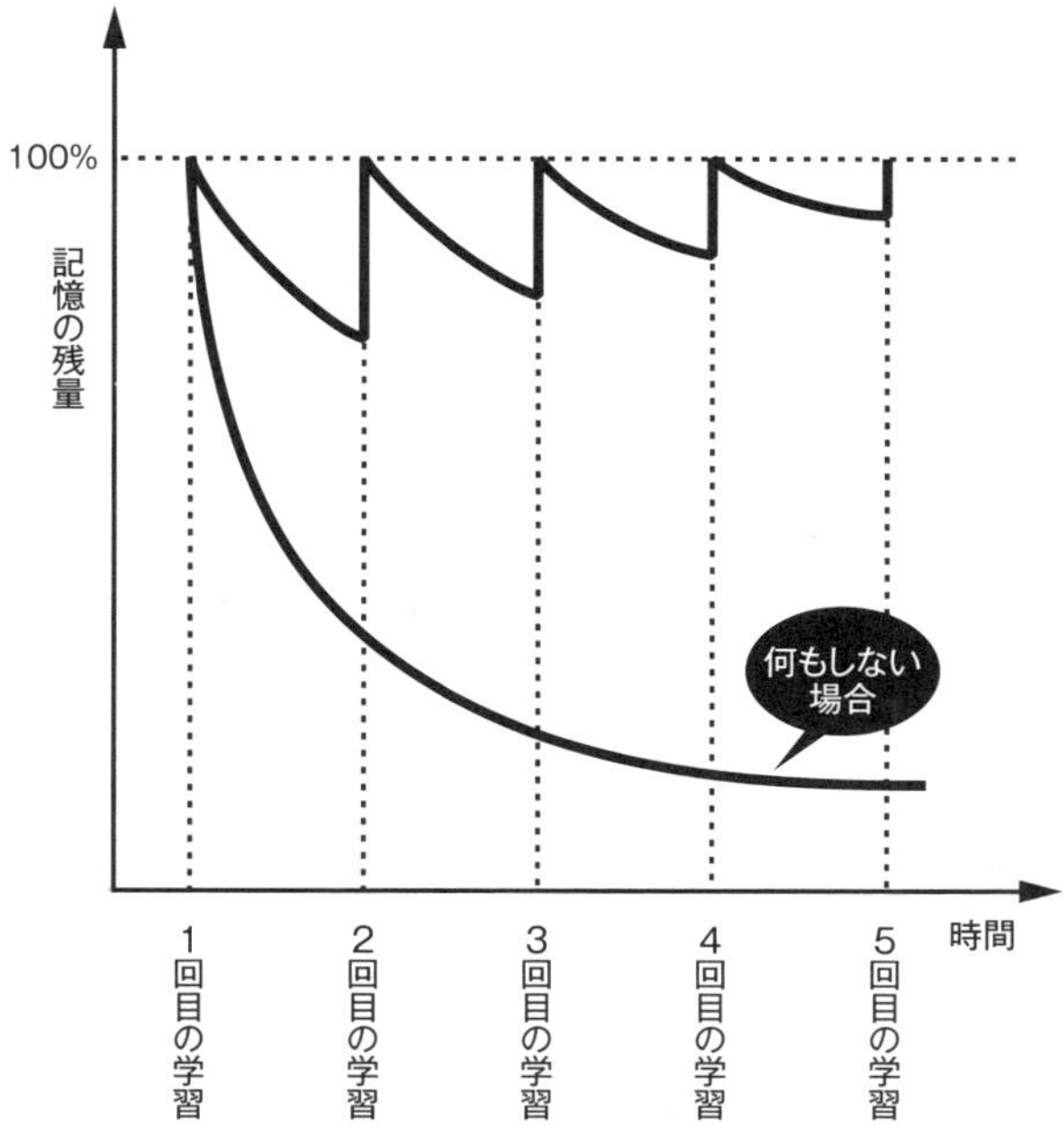

っ？」っていうようなこともあるだろうけれど、たいてい五回もやれば、ほとんどがしっかりと定着するはずだ。

反復学習はタイミングが重要

何度も反復して覚えなければいけないのはわかったんですけど、じゃあ、いつ復習すればいいんですか？

いい質問だ。あいちゃん、だいぶわかってきたんじゃないかな。

えっ、そうですか。嬉しいな……。でも、どうやったらしっかり覚えられるか、大切なのはこれからですよね。

そう。何度も反復するのであれば、効率よく、できるだけ記憶が定着されるよ

脳生理曲線〈1〉

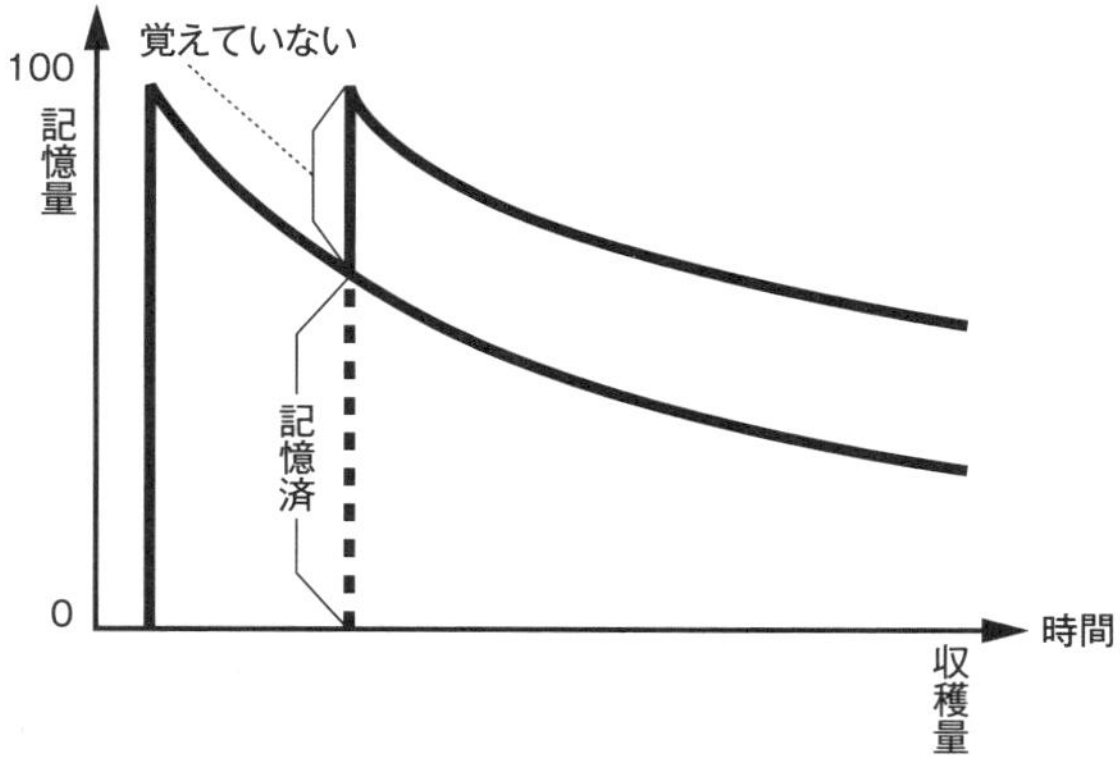

脳生理曲線〈2〉

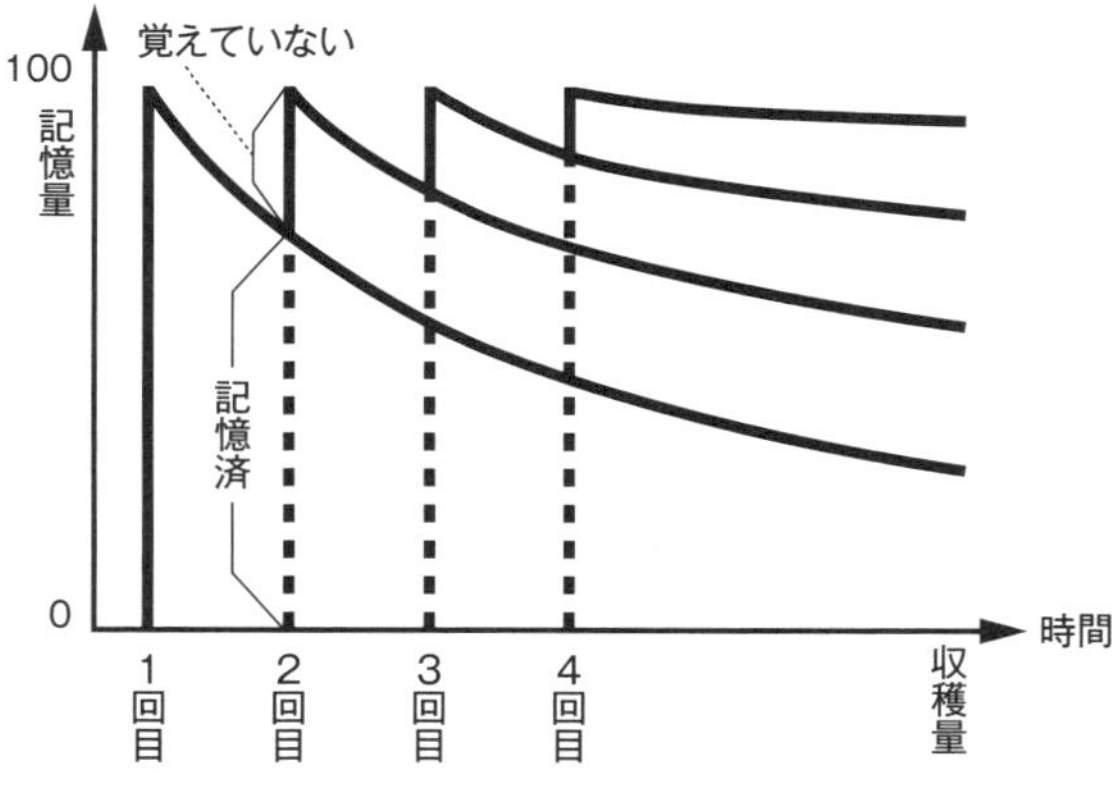

うにやりたいよね。じゃあ、いつ反復すればいいのかというヒントになるのが、さっきの「エビングハウスの忘却曲線」とこの二つの**「脳生理曲線」**だ。

先生、「脳生理曲線」の横軸にある「収穫量」って何ですか？

収穫量とは記憶量のこと。私は受験生たちを指導してきたから、入試のときにどれだけ覚えているかを考えて、勉強法をアドバイスしてきた。四月から勉強をスタートして、翌年一月から三月に試験があるわけだから、約一年間の勝負、一年後にどれだけ覚えているかが重要になる。その一年後にどれだけ記憶しているかを「収穫量」と呼んだんだ。

「収穫量」って、何だかわかりやすいかも。すごく実感のある言い方ですよね。

それは良かった。「エビングハウスの忘却曲線」によれば、二〇分後には約四割を、一時間後には半分以上を忘れていたということになる。そこからは曲線が少し緩やかになって、一日後は四分の三を忘れ、それ以降はあまり変化がない。そうなると、**二度目の学習はなるべく早い方がいい**といえるんじゃないかな。**一時間以内に反復するのが理想的**かもしれない。

一時間以内にまた同じことをやるんですか？　何となく、みんな覚えていそうな気がするけれど。

だから、いいんだよ。覚えていることが多ければ多いほど、学習は楽になるだろう？　**その楽な学習で記憶が定着する確率がグンと上がるんだとしたら、すごく効率のいい学習法だと思わないかい？**

そういえばそうですね。一時間以内にすごく楽してできるなら、次の日に苦労するよりいいかも。

そうだよね。それで思い出したんだけど、学校の授業や予備校の講義でやったことを、そのあとの一〇分間の休み時間で復習してしまうという受験生がいた。彼はいかにも受験生といった雰囲気がなくて、私たちの世代から見たら、〝チャラい男子〟の典型みたいだったんだけど、成績はずば抜けて良かったんだ。

考えてみれば、これはすごく効果的な学習法なんだ。だって、今やったことを直後に反復するんだから、一〇分もあればできてしまうだろうし、その上、しっかりと覚えられるんだから。

やっぱりできる人は、みんな自分のやり方を持っていて、それが理に適ってるんですね。ただ頭がいいとかいうんじゃないんだ。

そうだね。長年受験生を見てきたけど、やっぱり第一志望に一発合格する人は、きちんとした、効率のいいやり方をしている。まあ、そういう部分も含めて、頭がいいっていえるのかもしれないけれど。

「理解→整理→記憶」の原則

少し前にも話したけれど、**覚えるためには理解することが大前提になる。**わからないことは覚えられないからね。

ホント、そうですよね。何だかわけのわからない意味不明なことを覚えろっていう方が無理です。

うん（笑）。たとえば、顔も知らない俳優の名前を十人覚えろといわれても、難しい。その人の顔やどんなドラマや映画に出ていたか、どんな役を演じていたかを知っていて、名前と一緒にそれを思い浮かべることができるから、覚えられるんだ。あいちゃんだって、曲を聴いたことのない歌手やバンドの名前は、なかなか覚えられないよね？

はい。名前を聞いてもすぐに忘れちゃうと思う。それに、歌を聴いても、それをいいなと思わなかったら、簡単には覚えられないと思うし。

この場合、**名前と一緒にその人のドラマとか、歌とかが思い浮かぶというのが、学習でいえば、理解するということ**なんだ。

なるほど！　なるほど!!　それがどんなことか、パッと思い浮かぶようなら、忘れないですよね！

だから、歴史上の人物を名前だけ覚えようとしてもダメなんだ。吉《よし》田《だ》松《しょう》陰《いん》なら、彼がどんな人物か、何をしたかを知って、**まずは理解することが大切**なんだ。それがわかれば、名前は自動的に記憶されるといってもいい。そして、吉田松陰が松下《しょうか》村塾《そんじゅく》を開いていたことがわかれば、高杉《たかすぎ》晋作《しんさく》とか伊《い》藤《とう》博文《ひろぶみ》とか、その教え子のことも芋づる式に頭に入ってくるはずだよ。

そうかぁ。理解するって、そういうことなのか。それだと、勉強していても面白そう。

そうさ。どうせ学習するなら楽しい方がいい。楽しくなければ長続きしないしね。受験生でも、ガマンして苦しみながら勉強してたら、そんな子はまず成功しない。たとえそんな勉強法で合格できても、勉強することが嫌いになってしまって、二度と勉強したくないって思うんじゃないかな。それだと社会人になってからきっと苦労すると思うよ。

じゃあ、楽しく勉強する方法ってあるんですか？

一度目は、覚えようと思わないってことかな。

ええっ、覚えなくていいんですか？　それじゃ、やる意味がないじゃないですか？

一度目は覚えるんじゃなくて、理解するための学習なんだ。たとえば、大化の改新、六四六年と機械的に覚えようとするのではなくて、大化の改新がどんな出来事だったのかを理解するんだ。そうすれば、何年に起こったかだけではなくて、中大兄皇子《なかのおおえのおうじ》、のちの天智《てんじ》天皇だよね、それに中臣鎌足《なかとみのかまたり》、蘇我入鹿《そがのいるか》といった関係する人物や当時の政治のことなども頭に入ると思うよ。

なるほど、最初は覚えるんじゃなくて、理解するんですか。

そう。**無理に覚えようとしなくても、理解することができれば、自然に記憶されているはず**なんだ。

そして、二度目の学習では、それを自分の中で整理する。もちろん、覚えていなかったり、あやふやな部分があったら、それは確認して整理すればいい。この段階で、かなり記憶として定着しているはずだ。

じゃあ、三度目からはどうするんですか？

あとは、チェックと覚え直す作業だよ。自分がきちんと理解しているか、勘違いしていないか、覚えているかをチェックする。間違いがなければそれでいいし、理解していなかったところや忘れてしまっていたところは、それをもう一度、整理して覚える。多分、三度目になると、かなりの割合で覚えているだろうから、そんなに時間も苦労もいらないと思うけれど。

そうかあ。理解して、整理して、それで覚える。そうですよね、理解するときも、整理するときも、頭の中ではそのことを考えているんだから、覚えることにもなっているんだ。

その通りだよ。それに機械的に覚えようとするよりも、はるかに効率的に記憶されているんじゃないかな。「大化の改新＝六四六年」とただ機械的に一〇回繰り返すよりも、どんな出来事か理解しようとした方が、ずっと印象に残るに決まっているもの。

大化の改新のおさらいをすると、理解すべきポイントは、この改革でそれまでの豪族中心の政治から天皇中心の政治へと移り変わったということ。つまり、天皇が最高の権力を持つようになるターニングポイントの大事件だったわけだ。この意味をしっかり理解すると、強い印象として頭に残る。

そうすると興味も湧くから、「豪族の蘇我氏の好き勝手な政治に憤《いきどお》った中大兄皇子と中臣鎌足が、共謀して蘇我入鹿を暗殺した……」といった具体的な知識も自然に頭に入ってくるようになる。

理解かぁ。とにかく覚えなきゃって思うばっかりで、理解しようなんて、考えなかったなぁ。

でも、誰でも理解して覚えるという作業は自然にしているんだ。あいちゃんだって、自分が興味のあること、好きなことだと、本を読んだり、ネットで調べたりして、どういうことかわかろうとするだろ？ それは理解しようとしているということになる。そして、理解したことは別に無理して覚えようとしなくても、頭に入ってくるし、残るよね。

勉強も本当はそういうものなんだ。ところが、いつの間にか、苦労して覚えなきゃいけない、ガマンしてやらなければいけないっていう、間違ったイメージができてしまった。

そういうふうに考えれば、いろいろなことを勉強して覚えるのも、そんなに大変じゃないって思えるかも。

大事なのは、**覚えようと思う前に理解すること**。そのためには「**論理力**」が必要になる。

何だか、勉強っていうか、何かを学んで覚えるって奥が深いなぁ。でも、大変っていうより面白そう。先生の話を聞いていたら、そんな気がしてきました。

本当？　それなら嬉しいな。じゃあ、一休みして、それから、今度は記憶術の基礎になる、論理について、さらに詳しく話をするとしよう。

はい。お願いします！

第２章のまとめ

■人間は一度覚えただけでは、忘れてしまう。覚えたことを一時間で半分も忘れている！

■記憶で大切なのは、覚えることより、覚えたことを忘れないようにすること

■学習を重ねるごとに記憶は一〇〇パーセントに近づいていく

■一時間以内に学習を反復すると記憶が効率よく定着する

■一度目では理解するようにつとめ、二度目で覚えた内容を整理、三度目でチェックし、覚え直す

第3章

論理を使えば記憶力はグンと高まる

論理がすべての基礎になる

私は現代文と小論文の講師だから、ずっと**論理の大切さ**を言い続けてきたんだ。前にも言ったけれど、その問題がどんな答えを求めているのかをわかるためにも、その答えを書くためにも論理は必要だし、テキストを読んで理解するにも論理は大切だからね。

それで、受験生たちがどうやったら、論理を身につけられるか、ずっと考えて、指導してきたんだ。その結果、自分でもビックリするくらい彼らの成果が上がったんだ。東大に受かるレベルまで一気に学力がついた生徒もかなりいたよ。

へえ、すごい！　論理って、そんなにすごいんだ〜!!

うん、そこまで驚かれるとちょっと引いちゃうけど（笑）。でも、論理のことを考えれば考えるほど、**記憶の大切さ**も感じてきたんだ。

以前先生がおっしゃってた、論理も記憶も大切ってことですよね。

そう。論理は物事を理解したり、考えたり、伝えたりするために重要なものなんだけど、**理解するにも考えるにも、知識がなければどうにもならない**っていうことを強く感じた。

知識があるから、論理も役に立つってこと?

うん。でも、逆に論理があるから知識が生きるともいえる。つまり、**論理と知識は切り離せない車の両輪のような存在**で、どちらか一方だけでは、ダメだっていうこと。

さっき、記憶するには理解することだって話したけれど、物事を論理的に理解できると、そのときに重要なことが記憶されていく。そして、その記憶した知識を使って、今度は何かを読んだり、表現したりする。試験でいえば、答えをつくっていくことだね。

学習というのは、まさに論理と記憶の繰り返しなんだ。わかりやすく図式にすれば、こんなふうになると思う。

> 理解（論理）→記憶→思考（論理）→記憶の血肉化（定着）→表現（論理）→記憶の強化

ホント、論理と記憶が繰り返されてる。それで、どんどんしっかり覚えていくんですね。

そういうことになる。ずいぶん前だけど、ある大手予備校のカリスマ英語講師は辞書が一冊全部頭に入っていて、覚えたページから忘れないように食べていったという伝説があった。

えーっ⁉　辞書って紙でしょ。そんなことして大丈夫なんですか？　ヤギじゃないんだし。

おそらく、本当に食べたわけじゃないと思うよ（笑）。その先生が自分で言ったことかどうかもわからないけれど、その人は、勉強する上での辞書の大切さや単語を覚えることの重要性をそんな言い方で受験生に伝えたかったんじゃないかと思う。でも、もしその話を聞いた受験生が、形だけ真似して辞書を覚えていっても、それは役に立つ知識にはならない。そもそも、そういうやり方では覚えられないと思うけれど。

う〜ん。一ページずつ覚えていくなんて無理だわ、きっと。さっきの「エビングハウスの忘却曲線」の話を考えたら、何だかとてもムダな勉強のやり方に思える。

どのようにして覚えたかにもよるけれど、そういうやり方だと、だいたい反復ができないし、それにどこまで理解したかも確認できないから、あまり効果は上がらないんじゃないかな。もっといえば、覚えた知識、この場合は英語の単語だけど、それを使って論理的に考えるという作業がなければ、知識として定着しないだろうしね。

論理の前提となる他者意識

大学三年生のあいちゃんには、とても関心があることだと思うけど、面接のときに、会社の採用担当者が何を基準にして、学生を選んでいると思う?

やる気ですか? それとも、自分の考えをどれだけちゃんと言えてるか、あと態度とか、常識があるかとか……。

うん、まったく的外れというわけではないけれど、正解ではないな。企業の採用担当者の人たちがよく言うのは、「その人と一緒に仕事がしたいと思うかどうか」ということ。

一緒に仕事がしたい人、ですか。それって、優秀だとか、仕事ができそうだとか、そういうことですか？

それとは違う。学生は自分を売り込まなくちゃと思うから、つい自分は成績がいいとか、こんな仕事がしたいとかアピールしてしまいがちだ。でも、それは面接官が求めていることではないし、逆効果の場合が多い。

えっ、ダメなんですか、自分のことを話しちゃ。

自分のことを話すのがいけないというわけじゃないよ。でも、面接官の質問に対して、相手が何を聞きたいのかを考えて答えなければダメだ。何か質問されたら、それをきっかけにして、聞かれてもいないようなことまでとうとうとしゃべって、自分の意気込みや優秀さをアピールしたがるような学生は、まず通らない。

ええっ、そうなんですかあ！　じゃあ、一緒に仕事をしたい人って、どんな人なんだろう？

あいちゃんなら、どんな人と一緒に仕事をしたいと思う？

そうですねぇ、やっぱり気持ちよく仕事ができる人っていうか、話がしやすかったり、わかりやすく教えてくれたりとか、そういう人かなぁ。

そうとも言えるね。その学生が相手の立場に立って考えられるかどうか――これを**「他者意識」**というんだけど――面接官はここを見ているといっていい。一

緒に仕事をしたい人というのは、この他者意識を備えている人のことなんだ。他者意識があれば、聞かれてもいないのに、自分がどんなに優秀かアピールし続けたりしない。こんな人とは、一緒に仕事をしたいなんて思わないよね。

他者意識。初めて聞きました。

　他者意識は、他人は私のことをわからない、理解してもらえないという前提から起こる。あいちゃんも友達ができたら、自分のことをわかってほしいと思って、いろいろ伝えようとするよね。でも、そのときに、相手のことも考えずに、自分の言いたいことをしゃべり続けたんじゃダメだろう？　友達がどんなことを知りたいのか考えて話すから、相手は話を聞いてくれるし、わかってもらえる。

　面接では自分のことをわかってもらうこと、自分の考えを述べることは大切だ。ただし、相手の立場に立って、面接官は何を知りたいのか、何を聞きたいのかを考えて、自分のことや考えを伝えなければならない。それができる人であってようやく面接官は「この人と仕事をしてもいいかな」と思うんじゃないかな。

相手の立場になって考える、それって、小さい頃からよく親に言われてきたような気がします。思いやりとか。

そう、相手のことを思いやるということとも共通するね。それでね、さっきから話してきた論理力のことに戻るんだけど、**論理も、実はこの他者意識が前提になる**んだ。

自分のことをわからない相手に、どうしたら自分のことを、自分の考えを伝えられるか。それには、相手にわかりやすい言葉で、筋道を立てて伝えることが必要になる。これが論理力だ。

相手に自分を伝えるための力が論理力ですか？

そうだね。他人の考えを理解し、自分の意見を理解してもらうための力と言えばいいかな。

それなら私でも何とかなりそう。自分のことをもっと知ってもらいたいという気持ちは人一倍強く持っているもの。

そうだよ。あいちゃんの素質は会ったときからヒシヒシと感じてるよ。自信を持っていい！

先生それは一体どういう意味ですか？　何かの皮肉ですかっ！

そ、そんなつもりはないよ……。さて、次の話をしようか。

もう！　頼みますよっ！

論理力は誰でも身につけられる

ところで、あいちゃんは論理的なものといったら、何を思い浮かべるかな？

えっ？　論理的なもの!?　何だろ……。う〜ん、そうだなぁ、数学とか物理とか……？　あとは法律もそうかなぁ。

そうだね、数学というと、まず数式の計算のイメージが頭に浮かぶ人が多いだろうけど、今は、それはコンピュータの仕事になっている。見積書でも、経費の精算などでも、数字さえ入力すれば、あとは自動的に計算してくれるソフトがあるからね。でも、数学は本来、こうした機械が代わりにやってくれるようなものではなくて、そこに至るまでの筋道を理解することが求められる学問なんだ。つまり、論理的な学問ということになる。

論理力というのは、「物事の筋道を理解し、説明する力」なんだよ。それから、**バラバラな知識を結びつけて一つの考え方にまとめる力も論理力だ。**

ふ〜む。物事の筋道……かぁ。わかったような、わからないような。先生、もうちょっと具体的に教えてくれませんか?

たとえば、あいちゃんが大学のテキストを読むときに、そこに書かれている内容を頭の中で整理して、理解する力も論理力だよ。それから、レポートを書くときに、課題として出されたテーマについて、読む人、レポートであるなら教授だろうけど、その相手が読みやすく、理解しやすいように書く力、これも論理力だ。

ええっ、じゃあ、テキストに何が書いてあるのかよくわからなかったり、レポートの成績がよくないっていうのは、論理力がないってこと？

まあ、その可能性は高いかな。もちろん、読むとき、書くときにも知識は必要だ。だって、そこに書かれている言葉、たとえば専門用語の意味がわからなければ、内容を理解できるはずがないだろう？　でも、論理力の欠如という場合も多いと思う。

ああ、私、やっぱりダメだ……。自信がなくなってきちゃった。

心配いらないよ、大丈夫。初めはみんなそう思うんだ。だって、生まれたときから、論理を身につけている人なんていないんだから。みんな、いろんな経験を積んでいく中で獲得していったんだ。

だいたい、**日本人は論理的に考えたり、意見を言うのが得意じゃない**。だから、論理力が必要な状況になったことがない若い人などが、論理が苦手だとしても、ある意味、仕方ない部分もあるんだ。

先生、何で日本人は論理が苦手なんですか？

それは、日本語という言語の特徴が大きく関係している。もっと言えば、民族としての特徴といってもいい。日本人は基本的には単一民族で、農耕民族だ。つまり、古くから、農作業を手伝い合ったりとか、集落が一つの共同体として暮らしてきたんだ。その関係からか、和を乱したり、争いを起こすことを非常に嫌ったんだ。だから、日本語ははっきり自分の意見を主張したり、相手を言い負かしたりしないで、何となく相手を説得するような言語として発達してきた。

「以心伝心」とか「目は口ほどにものを言う」という言葉があるけれど、これは日本人同士だから通じることだよ。

じゃあ、外国語は違うんですか？　たとえば、英語とか。

私は日本語を**「愛撫の言語」**という言い方をすることがある。それに対して、英語をはじめとするヨーロッパの言語は**「闘争の言語」**だ。ヨーロッパの人たちはもともと狩猟民族だし、陸続きだから、民族同士の争いがあって、侵略したり、されたりを繰り返してきた。旧ユーゴスラビア紛争のときもそうだけど、民族対立が起こると、昨日まで仲のよかった隣の人が敵になったりする。そういう環境の中では、言語も日本語とは違って、自分の意見や立場をはっきりと主張し、論理的に相手に伝えるのに適したものになってきたんだ。

そうかぁ。じゃあ日本人には論理力が自然に身につかないってことですよね。やっぱり、私には無理なのかも……。

さっきも言ったけど大丈夫だって。もちろん、社会に出ても、論理力のない人はいる。でも、そういう人は論理力を身につけられなかったんじゃなくて、身につけようとしなかったんだ。自分の話や意見が、論理力がないためにきちんと伝わっていないのに、それがわからなくて、論理力の必要性に気づけなかった人なんだよ。

だから、論理力が必要だと思いさえすれば、誰でも身につけることはできる。あいちゃんは社会に出る前、大学生のうちにそれに気づくことができたんだから、心配いらないどころか、立派なものさ。

ホントですか？　私でもできるってことですよね。ああ、良かった。さっきはもうダメかもって思った……。やる気が出てきました！

そう言ってくれると、私も嬉しいな。あいちゃんは就職活動のために、どうやってものを覚えたらいいのか、勉強したらいいのかという相談に来たわけだけど、それだって、論理はすごく関係しているからね。

論理力が記憶力のカギを開ける

でも、先生、論理力と記憶力はどうつながっていくんでしょうか。

いよいよ核心に近づいてきたね。たとえば、この本は読まなくちゃと思っても、難しくて、なかなか内容を理解できなかった本でも、論理力が身につけば理解できるようになる。だいたい、本というのは論理的に書かれているものなんだ。だから、読む側にある程度の知識と論理力があれば、読めるし、理解できるものなんだ。理解できるようになると、どんどん頭に入ってきて、それが記憶として残っていくことになる、つまり、たくさん覚えられる。

しかも、論理力は一度身につけたら一生忘れない。語学だと使っていないと忘れてしまうよね。完全に忘れてしまうわけではないだろうけど、錆《さ》びついちゃうというか、元に戻るまで少し時間がかかる。でも、論理力が身につくと、知らないうちに日常的にそれを使うようになるんだ。意識しなくても、使っている。だから、論理力は忘れないし、錆びつかない。お箸の使い方や自転車の乗り方と同じようなものさ。**論理力はいったん身につけてさえしまえば、一生涯「武器」として使える**んだ。

記憶で大切なのは、覚えることではなくて、忘れないことだという話をした。そして、忘れないようにするには、何度も反復すること、それも四、五回は反復学習しなければならないとも言った。

覚えているよね？

はい。〝忘れないことが大切〟っていうのは、なるほどって思いました。私なんか覚えることばかり考えていて、でもすぐ忘れちゃって、「あんなに苦労して覚えたのに……」っていうことの繰り返しばっかりだったから。

この反復学習はどういうことなのかということなのだけど、受験勉強なら前にいったようなテキストを読み返すといった方法になる。じゃあ、実社会で必要な知識の反復学習はどうしたらいいか、それは**「使うこと」**だと思うんだ。

使うんですか？　覚えたことをすぐに？

うん。言葉だって、すぐに使えば忘れない。赤ちゃんが言葉を覚えていくのも、親や周りの人間が自分に話しかけてくる言葉を真似する、つまりは頭に残った言葉を使うことで覚えていくわけだよね。赤ちゃんが最初に覚える言葉の代表が「ママ」だけど、それは母親が自分のことを「ママ」と呼んで盛んに呼びかけるから、赤ちゃんはその言葉を覚え、使って、記憶していくんじゃないかな。

外国語を覚える場合だって同じだよ。海外で生活して、その言葉を使わざるを得ない状況だと、覚えるのが早いというよね。それは覚えなければ生活していけないという切羽《せっぱ》詰まった状況ももちろんあるけれど、覚えたらすぐに使うから忘れない、そういうことだと思うよ。

挨拶の言葉とかをすぐに覚えるのは、よく使うからなんですね。

そうだ。初めて行った外国の言葉でも、それが「おはよう」とか「こんばんは」とか「おやすみなさい」という言葉なら、よく聞くし使うからすぐに覚えてしまう。

じゃあ、私たちが覚えた知識を忘れないために、どう使えばいいのかなんだけど、**「一番の勉強法は人に教えること」**って、聞いたことあるかな？

いいえ。人に教えるのが勉強になるんですか？　でも、人に教えるのって、そのことをかなりよくわかってないとできないですよね。勉強のできる人じゃないと、できなさそう。

誰かに教えようと思ったら、そのことを自分がしっかりと理解していなければできない。しかも、それをわかっていない人に伝えるのだから、そうとうわかりやすく教えなければならない。かなり内容を噛み砕いて説明しないとわかってもらえないよね。

だから、その過程で自分の理解が深まるし、何度も考えることによって、それが反復学習となって記憶も定着する。そういうことを考えたら、勉強法としては非常に理に適っている。

でも、それって誰にでもできることじゃないですよね。教えてほしいっていう人がいなければできないし……。友達に無理やり教えるわけにもいかないしなぁ。

そういうときは、自分で自分に教えればいいんだよ。

ええっ!?　自分に教えるんですか？　自分で自分にって、どうすればいいんですか？

たとえば、**何か新しい知識を得たとしたら、それを自分の言葉で書き直してみる**んだ。ノートに書いてもいいし、パソコンを使ってもいいけれど、自分の言葉で書くということが大事だよ。たとえば、大学の講義ならノートを取るよね。普通、それを試験の前に見返すくらいだろうけど、これは大事だと思ったら、その日のうちに講義中に取ったノートを元に、自分の言葉で書き直したノートをつくる。

本を読んだときなら、参考になった文章や覚えておきたい内容を、自分の言葉で自分にわかりやすいように書き直すんだ。

そういえば高校生のとき、授業中に板書を書き写したノートを、あとで別のノートにつくり直して復習してるって子がいました。

その子は勉強の仕方を知っていたわけだ。それに、**大事なことを整理して記憶すると同時に、論理力も身についていたはず**だ。

講義で聞いた話、本の内容を自分なりに考え、自分の言葉にするというのは、論理的に考えるということにほかならない。論理的でなければ、わかりやすく書いたり、話したりすることはできないからね。

もちろん、書いた内容が自分しか理解できないような文章じゃダメだよ。ほかの誰かに質問されたら、そのノートを見れば、すぐに説明できるようでなければいけない。

学んだことがしっかりわかって、忘れないようになるし、論理力も身につく。すごいと思うけど、それって難しくないですか。

最初は時間がかかるかもしれない。でも、続けていくうちにどんどん慣れてくるし、知識が増えて論理力が高まるにつれて、そんなに苦労しないでできるようになるよ。

覚えただけの知識は役に立たない

他人にもわかるように書くことが大切ということは、自分だけがわかったんじゃ、ダメなんですね。

そうだね。このやり方は自分のものにした知識を有効に生かす練習にもなるんだ。あいちゃんの周りに、いろいろなことをすごくよく知っていて、話をしていても、「あ、それ知ってる」「○○のことでしょ?」とすぐに反応してくる人はいる?

いますよ。ホント、パソコンで検索したらすぐ回答が出るみたいに、いろんなことを幅広く知ってるんですよね。でも、すごく詳しいのかっていう

と……。

あまり詳しくは知らないの？　名前だけは知っているとか、聞いたことがあるというくらい？

多分、ちゃんとっていうか、ある程度は知ってはいるんだとは思うんですけど、じゃあ教えてほしいって言っても、うまく教えてもらえないっていうか。

そういうタイプの人はいるよ。すごく博識で、いろいろな知識がある。だけど、あいちゃんが言ったみたいに、それを誰かに教えられるのかというとそうではないし、その知識を使って、自分なりの意見とか考えが出てくるのかというと、それもない。そんな人は確かにいるし、最近若い人にも多いかもしれないな。

でも、それってもったいなくないですか？　せっかくいろいろ知ってるのに。

もったいないよね。でも、そういう**使えない知識は本当の知識とはいえない。**道具でも、持っているだけじゃ意味がない。その道具を使って、何かができるから持っている意味があるんだ。**知識もたくさんあればいいっていうことではなくて、それをどう生かすか、どう使いこなすかが大事**なんだ。

どんなにたくさん英単語を覚えていて、単語のテストだったら完璧でも、その単語を使って英文が読めたり、書けたりしなければ英語ができるとはいえないだろう？　そうでなければ、実際の役には立たないし、試験でも点数は取れないよ。

「生きた知識」っていう言葉は以前聞いたことがありますね。

そう、それだよ。自分が得た知識は生かさなければもったいないし、意味がない。そして、**知識を生かすために必要なのが論理力なんだ**。さっきのいろいろなことを知っている人でも、論理力があれば、それを誰かに説明することもできるし、豊富な知識から、それを自分なりに組み立てて、意見を発表することもできる。それが、あいちゃんの言った**「生きた知識」**ということだよ。

これは前にも言ったことだけれど、記憶したことでもずっと使わないでいれば忘れてしまう。使わないでいたら、それは知識ではなくなって、「あっ、それ知ってたはずなんだけど」ということになってしまう。人間の場合はコンピュータと違って、せっかくフォルダに収めておいたはずの大事なファイルが、いつの間にか消えてしまうということがあるんだよ。

論理と知識が揃《そろ》って役に立つ

ところで、あいちゃんは高校生のときに古文の授業は受けたよね。

はい、ありました。あまり得意じゃなかったけど。

じゃあ、「で」という助詞は知ってる？

「で」ですか？　助詞ですか、古文の？　う～ん、思い出せません。でも、それと、記憶力とどんな関係が……？

「で」は打ち消しに使われる助詞なんだ。もし、助詞の「で」について説明せよという問題が出たとしたら、「打ち消しの接続助詞」「未然形に接続」が正解なんだけど、これを知らない受験生が結構多い。古文の打ち消しに使われる言葉は助動詞の「ず」「じ」「まじ」と助詞「で」なんだけど、これはどれも現代語では使われない言葉なんだ。それで、知らない受験生が多いのかもしれないけれど、これらの言葉は英語でいえば「not」に該当するわけだから、打ち消しの言葉も知らずに古文を読むということは、「not」も知らずに英文を読むようなものだ。

ふーむ。そういうふうに説明されると、とんでもないことって、感じますけど……。

まあ、現代に生きているから、古文の助詞や助動詞を知らなくてもいいといってしまえばそれまでだけど、古文を読もうと思ったら、それを知らなかったら読みようがないよね。だって、「not」を知らなかったら、英文は読めないし書けないだろう？

おっしゃる通りですね。

つまりね、**何かを読もう、知ろうと思ったら、必要最低限の知識はどうしても必要**だということを言いたかったんだ。その知識がなかったら、たとえどんなに論理力がある人でも、理解できない。私も、専門用語ばかり出てくる医学書を読んでも、その内容を理解することなんてできないよ。

ああ、なるほど。そういうことですか。英語の文章は、単語とか文法を知らなかったら読めないっていうのと一緒ですよね。

その通り。あいちゃんの例えの方がわかりやすかったな（笑）。だから、覚える必要のあるものは、覚えなければいけないっていうこと。でも、さっきも話したように、**ただ覚えているだけではダメで、それが使えて初めて本当の知識、生きた知識になる。そのためには、やっぱり論理力が必要**なんだ。

つまり、どっちもなくっちゃダメってことですよね。

うん。どちらかが欠けてもダメだ。言葉だけ知っていても、書かれている内容、相手の話を正確に、深く理解することはできない。
知識と論理力の両方があるから、覚えたことを使えて、使うことでより知識が深まって、強い記憶として定着する。こうしてストックとしての知識が増えれば、いろいろなことが理解できるようになって、論理力も高まっていく。論理力が身につけば理解力も深まるから、それまで理解できずに覚えられなかったことも知識として取り込むことができる。つまり、**「論理的に記憶する」**とはこういうことなんだ。

そうかぁ。両方があれば、どんどん良くなるっていうことですね。

うん。いい循環が生まれるといえばいいかな。受験生でもある時期に飛躍的に成績が伸びる子がいるし、私たちもそれまでわからなかったことが急にわかるようになって、どんどん知識が増えるということがある。そういうときは、知識と論理力のバランスが整って、いい循環が生まれたときなんだ。

じゃあ、私もそういうふうになれば……。

そうさ。自分でもビックリするくらい、いろんなことがわかって、覚えられるようになるよ。

じゃあ、どうやって記憶力の基礎となる論理力を鍛えるか、次からこの話に入っていこう。

論理力の基本は読解力

論理力というのは、「読む力」「聞く力」「考える力」「話す力」「書く力」の五つがとても大切なんだ。これから話すことは、もしかしたら、あいちゃんが知りたかった記憶力を高めるとか、ものを早く、しっかり覚えることと関係なさそうに感じるかもしれないけれど、実は深く関係しているんだ。だから、そのつもりで聞いてね。じゃあ、論理力を身につけて、育てていくには、今挙げた五つの力のうち、どれを意識すればいいか、あいちゃん、わかる？

う〜ん、何だろう……。考える力かなぁ。でも、論理力がないと、考える力も生まれないですよね。

そうだよね。考える力は論理力にとって一番といっていいぐらいに大切なんだけど、あいちゃんが言ったように、論理力がなければ、論理的に考えることはできないからね。正解は、**まず「読む力」を意識して、鍛えるといい**んだ。読むことで論理力を身につけていけば、それが基礎となって、考えることも、話すこともできるようになっていく。

読むだけだったら、誰にでもできますね。

そうだよ。だから、論理力を身につけるというと、すごく難しいと思ってしり込みしてしまう人もいるけれど、少しも難しいことじゃない。**論理力というのは、わかりやすくいうと、一定の規則に従った言葉の使い方**といえる。だから、論理を意識しながら文章を読んでいけば、論理力は身についていく。それが一番の近道だと私は思うんだ。

でも先生、何でも読めばいいってわけじゃないですよね。こういう本じゃないといけないとか。でも、あまり難しいのだと、読めないんじゃないかな。わからない言葉がいっぱい出てきたりして。

論理力を身につけるために、一番役に立つのが**新聞**なんだ。とくに、最初のテキストに最適なのが、**「コラム欄」**だ。新聞の第一面の一番下に載っている短い文章だよ。朝日新聞なら「天声人語」、読売新聞は「編集手帳」、毎日新聞は「余録」、日本経済新聞が「春秋」、このコラム欄は、そのとき話題になっていることや注目を集めたニュースなどについて、ベテランの記者がその人の視点から書いているのが特徴で、人気もあるんだ。
短い文章だから簡潔に書かれているし、論理的にもしっかりしている。だから、論理力を身につけるための最高の教材になってくれる。

コラムですか。新聞の一番下にそういう欄があるのは知っているけど、あまり読んだことないなぁ。

コラム欄に慣れてきたら、次は**「社説」**を読む。社説は難しいって思ってる人は多いけれど、実際はそんなことはない。社説というのは、ある事件や出来事、世の中の動きなどについて、その新聞社の考えを、読者に知らせてわかってもらうためのものだから、難しい専門用語は使っていないし、文章自体もそれほど長くないから、簡潔でしかも構成がしっかりしている。だから、読んでみると、「こんなに読みやすかったんだ」とビックリするんじゃないかな。

そうなんですか。社説って、すごく専門的で、難しいことが書いてあるとばっかり思ってたから、新聞をたまに一面から拾い読みすることがあっても、パスしてました。絶対にわからないと思ってたから。

コラム欄と社説は毎日チェックしてほしいな。この二つを毎日読んでいけば、論理力はどんどん身についていくはずだよ。

でも先生、新聞を読めば論理力がつくっていうのはわかったけれど、記憶力はどうなんですか？　ものを覚えられるのかなぁ。

何かを覚えようとしたら、理解することが大切だ。その理解するための力が論理力なんだから、記憶とも深い関係がある。**論理力がつけば、記憶力が高まるともいえる**。それに、新聞を読めば、いろいろな知識が頭に入ってくる。覚えようとしていなくても、知識が増えているというわけさ。暗記のように、ただ覚えるだけが記憶の仕方じゃないからね。むしろ、暗記の方が例外といってもいい。私たちが身につけている知識のほとんどは楽しみながらだったり、何かを知ろうとして本を読んでいたりしながら、覚えている場合が多いんだ。

読み方を変えるだけで論理は育つ

新聞のコラムや社説よりもっと長い文章の本とか、読まなくてもいいんですか？

新聞の次にテキストとして活用すべきは、**「新書」**だ。一般的に「教養新書」と呼ばれているものが、ワンランク上の論理力テキストに向いている。逆に、あまりに柔らかい内容のものは、テキストとしては避けた方がいいかな。少し硬めで、しっかりと論理的に書かれたものがお勧めだ。

先生のことだから、新書も普通に読むんじゃダメだっていうんでしょ？

えっ⁉　鋭いなぁ。どう読むか、あいちゃんに質問しようとしたのに。
確かにそうなんだ。普通は、「まえがき」を読んで、第1章から順に読んでいくんだけど、**論理力のトレーニングのためには、まず「目次」を見る**んだ。最近の新書では、章タイトルと各項目の見出しも書かれていることが多い。章タイトルを追っていくと、本全体の流れ、構成がだいたいわかる。さらに、見出しを見ていけば、今度は各章の流れと構成が見えてくる。つまり、目次を見ていくことで、本全体の構成と内容が予想できるんだ。

なるほど。ひょっとして全体がわかっていれば、本を楽に、速く読めるんですか？

そうだよ。なんの予備知識も予想もなくて読み始めて、いきなり難しい話が出てきたら、それだけで混乱してしまうし、いやになっちゃうけれど、それが全体の中のどんな部分なのかがわかっているだけでも、ずいぶんと読むのが楽に感じられるし、スピードアップにもなるよね。

本を速く読んで理解できるようになれば、それだけ短い時間でたくさんの知識を得て、覚えられるようにもなる。記憶力を高める、知識を増やすという点でも、本を読む力、そのための論理力は大切なんだ。

新聞や本を読むときに気をつけてほしいことがあるんだ。それは、論理的な文章の基本といってもいい次の三つの法則だ。

① イコールの関係
② 対立関係
③ 理由づけ・因果関係

この三つがわかっていれば、論理的な文章を理解することができるし、これらを使うことで、論理的に考えることもできるというわけだ。つまり、記憶力にも大きくかかわってくる。

論理的文章の基本って、この三つだけなんですか？

そうさ。じゃあ、三つの法則を順番に、簡潔に説明していくよ。
まずは①の「イコールの関係」は、文章でよく出てくるから、これがわかれば、文章はすごくわかりやすくなる。自分の意見を述べて、ほかの人も同じようなことを言っていたとか、アンケートやランキングでそういう数字が出ているとか、そういう書き方をした文章はよくあるよね。これが「イコールの関係」だ。

◎「イコールの関係」の文章の流れ
A（自分の主張）＝A'（具体例・エピソード・引用）

次の「対立関係」は、わかりやすくいえば、反対のことをいっているということだね。これもよく使われているよ。新商品のCMで、これまでの商品とどこが違うか、どんなにすぐれているかを強調することがあるよね。こういう方法を「差別化」というんだけど、これも対立関係の一つだ。

◎「対立関係」の文章の流れ
A（自分の主張・結論）⇕B（自分の主張と対立する主張）

はい、よく見たり聞いたりしますよね。スマホだとこれまでの機種よりも通信速度が何倍速いとか、掃除機だと吸い込む力が二倍なのに、電気代は半分以下とか。ああいうCMを「差別化」っていうんですね。

あとは、日本と外国を比べて、日本のいい点や悪い点を強調する、あるいは現代と過去を比較する。これも「対立関係」を使った方法だ。「対立関係」にあるものを出すことで、自分の意見や考えがより明確になる。

それもよく見ます。本とかによくありますよね。あと、テレビの討論番組なんかで、そういう言い方をしている人、よくいます。

次は三つ目の「理由づけ・因果関係」だ。文章を書いたり、話をするときに、自分の意見や考えを主張したら、その証拠を挙げなければならない。具体例として、過去の同じような事例やアンケートやランキングのような数字を挙げれば「イコールの関係」、比較対照する事例などを挙げるなら「対立関係」になる。

でも、論理的な文章であれば、その証拠からなぜ自分の主張が導き出されるか、正しいといえるのかを証明しなければならない。これが「理由づけ」と「因果関係」なんだ。

どんどん難しくなってきた。私が使うのは多分無理……かも。

あいちゃん、そんなに心配しなくても大丈夫だよ。文章の構成、つまり、文と文、段落と段落のつながりがわかれば、どれが主張か、具体例か、理由か、見えてくるはずだ。
「理由づけ」の文章は、まず筆者の主張があり、具体例を挙げて、なぜならと理由を述べるという構成になっている。

◎「理由づけ」の文章の流れ
A（自分の主張・結論）←〈なぜなら〉B（理由・具体例）

そういう「流れ」があるんですかぁ。それがわかっていれば、私でも読んでいてわかるかも。

もう一つ「因果関係」だけど、「理由づけ」はまず主張があって、具体例を挙げて理由を述べるのに対し、「因果関係」は、最初に原因となる主張を挙げておいて、それを前提に「だから〜だ」と結論を持ってくる。つまり、筆者の主張Aがくれば、最後までAを繰り返すのか、「AだからB」と、Aを前提に結論Bを持ち出すのかを考えればいい。

◎「因果関係」の文章の流れ

A（原因）↓〈だから〉B（自分の主張・結論）

思ったよりは、難しくないかも……。じゃあ、先生、論理的な文章は、「理由づけ」か「因果関係」のどちらかが必ず使われているってこと？

本来はね。ただ、ときどき主張をして、具体例を挙げて、それで自分の主張の正しさを証明した気になってしまって、理由づけをしていない文章もある。読む方も何となく納得してしまうこともあるんだけどね。
それからもう一つ、この論理の法則を読み取ったり、文章を速く読むのに役立つのが、接続語に注目することなんだ。

接続語って、「そして」とか「しかし」とか「だから」ですよね。

そうさ。それを見れば、あとの展開がどうなるか、予想できる。じゃあ、次の二つの文章を読んでみて。

・私は昨日熱があった。だから、学校を休んだ。
・私は昨日熱があった。しかし、学校に行った。

この二つの文章は、最初の一文はどちらも同じだね。でも、結果として言っていることは逆になっている。「熱があった」というのは一緒なのに、「学校を休んだ」と「学校に行った」と、行動は正反対だ。

ここからがポイントなんだ。じゃあ、この二つの文章は、最後まで読まなければ、結果はわからないかな？

う〜ん。そうだ、最初の文章は、「だから」、二つ目は「しかし」が使ってある。わかった！　接続語を見れば、前の文に対して、どういう文章がくるのか予想できるっていうことですよね？

その通り。最初の文章は「だから」という順接の接続語が使われている。ということは、そのあとには、最初の文に対して肯定的な文がこなければおかしい。それに対して、二つ目の文章は「しかし」という逆説の接続語だから、対立的、否定的な文がくる。

つまり、文章の先が予想できるんだ。難しそうに感じるかもしれないけれど、みんな、会話とか文章を読んでいれば、無意識にやっていることだよ。あいちゃんだって、友達と話していて、「でも」と言われたら、それまで話していたことと違うことを言うんだろうなって感じるだろ？

そう言われてみれば……。意識してないけど、自然に身構えてるっていうか、そう予想してるんですね。

文章を読むときでも同じことで、接続語を見て、何となくは予想している。それをさらに進めて、論理を意識して、接続語がポイントだと注意しながら、論理構成を読み取り、先を予想すればいいんだ。

さっきも言ったけれど、最初の文章として筆者の主張が書かれていれば、そのあとに具体例がきて、最後に理由がくると、全体の論理構成が予想できる。それを頭において、接続語に気をつけていけば、先が予想できるし、どこまでが主張、どこからが具体例といったこともすぐに理解できる。

そうかぁ。よくわかりました。私でもできそう！

先を予想すれば読むのが早くなるし、予想しながら読むわけだから、理解も深まる。

しかも、展開を予想し、接続語に注意するということは、文章同士や段落同士のつながりを意識しているということだから、論理力のトレーニングにもなって、論理力もどんどん身についていくんだよ。

論理力が身につけば理解力が高まるから、本を読んでも速く読めるし、人の話の要点もすぐわかるようになる。だから、論理力がなかったときよりも、いろいろなことを覚えるのに、時間も労力も必要なくなるんだ。

第３章のまとめ

■物事を論理的に理解できると、自然に重要なことが記憶されていく

■論理力が向上すると、さらに理解度が深まるので、ますます記憶が定着する

■相手の立場に立って考えられる「他者意識」が、論理力の前提になる

■論理力の基本は読解力にある。論理的な文章の三つの法則「イコールの関係」「対立関係」「理由づけ・因果関係」を知ろう

第4章

頭が良くなる〈出口式〉記憶術

記憶には四つの段階がある

ここからは、いよいよ記憶術の詳細について踏み込んで説明していくよ。やっぱり効率良く覚えるためには、ただやみくもに努力するんじゃなく、そのための方法を知っておく必要がある。スポーツだって、昔のひたすらたくさん練習すればうまくなる、強くなるという根性論みたいな考え方から、科学的で合理的なトレーニングに変わってきているよね。覚えるのだって一緒だ。まだすべてが解明されていないとはいえ、二十年、三十年前とは脳科学もはるかに進んでいる。

お、お願いします、先生！　覚えられるようになるかどうかに、私のこれからの人生がかかってるんだから。ああっ、ちょっと先生、笑わないでくださいっ！

ごめんごめん（苦笑）。でも、オーバーじゃなくて、人生がかかっているかもしれないよね。就職というのは、人生の大きな節目だから。もしかしたら、受験よりもその後を左右するかもしれないからなぁ。

そうですよ。そうは見えないかもしれないけれど、私、必死なんですから。

うん、わかった。その意気込みがあれば大丈夫。ところで、前に、私が語学学校をやっている二人の外国人と出会って、衝撃を受けたという話をしたけれど、その彼らが研究、考案した記憶のメカニズム、記憶術は、彼らの会社の名前から、「セレゴ・メソッド」と呼ばれているんだ。それによると、記憶は四つの段階に分かれている。

記憶に段階があるんですか？

うん。ちょっと自分の記憶を思い出してみてもわかると思うけど、いつでも思い出せるくらいしっかり覚えているものもあれば、名前を聞けば思い出せるもの、そういえば聞いたことあるというおぼろげな記憶といったように、記憶といってもレベルというか覚えている度合いが違うよね。

そういえば、そうかも……。すぐに思い出せるというか、考えなくても出てくるのもあるし、やっと思い出すっていうのもあるし。人の名前だって顔を見ただけで自然に名前が出てくる人もいるし、「あれっ、この人、誰だっけ?」って頭の中で必死に考えて、やっと「あっ、そうだ!」って思い出せる人もいます。

そういう記憶の段階を「セレゴ・メソッド」では次の四つに分類したんだ。

・ファミリア（familiar）＝親近感
・リコグニション（recognition）＝見分ける

・リコール（recall）＝再生する
・オートマティック（automatic）＝自動的→習熟

英語ですか。これを覚えるのも大変かも……。でも、聞いたことがある言葉もある。

これから何度も出てくるから、いやでも覚えるよ。

まず、ファミリアは「親近感」という意味なんだけど、「覚えたことがあるぞ」という程度の漠然とした記憶のことだ。聞いたことがある、知っているような気がするという感じがあるだけで、具体的に何かを思い出せるわけではないから、知識としては役に立たない。

そういうのって、結構たくさんありそうですね。

そうなんだ。一度、記憶して、頭に入ったはずのことでも、そのまま使わなければ、時間が経つうちにファミリアの状態になって、そのうち忘れてしまう。

えっ、そんなの、もったいない……。じゃあ、ファミリアっていうのは、かなり危険⁉

そういうことになる。ファミリアの状態になったら、覚えていない状態にかなり近いから、放っておけば学習したことがほぼ無効になってしまうといっていい。だから、ファミリアになる前に復習して、記憶をもっと上の段階にしっかりと留めなくちゃいけない。

復習よりも、もっと前、忘れそうになる前にやらなければいけないのね。

そういうことになる。

次のリコグニションは「見分ける」という意味の言葉だ。自力では思い出せないけれど、選択肢を与えられれば見分けることができるというレベルの記憶だね。テストの穴埋め問題で、自分ではどの言葉が入るか思い出せないけれど、五択のような選択肢があれば正解がわかるということがあるよね。そういう記憶、知識がこのリコグニションになる。

テストじゃなくても、誰かの話を聞いているときに、「あっ、わかる」とか「ああ、知ってる」っていうのも、リコグニションなんですよね？　私の知識って、このレベルが多いのかなぁ。

リコグニションのレベルだからといって、悪いわけじゃないんだ。前に「エビングハウスの忘却曲線」の話をしたけれど、あれを見れば、覚えたことも時間の経過とともに忘れていってしまうことがわかったよね。だから、覚えるときは、まずこのリコグニションの段階から始めればいい。そして、反復学習して、徐々に記憶のレベルを上げていく。それが一番効率的だ。だって、一度の学習で完全に記憶として定着させることができないのなら、徐々にレベルを上げていく方が効率がいいと思わないかい？

そうかもしれない。どんなに頑張って時間をかけても、一度では覚えられないんですものね。

そうさ。**だから反復することが大切**なんだ。

三番目のリコールは和製英語のように、いろいろな意味で使われることがあるけれど、ここでは「再生する」という意味になる。選択肢が与えられていなくても、自分で思い出すことができるという高いレベルの記憶だ。

英単語なら、その言葉を聞いたら、すぐに意味もスペルも発音も、正確に答えられるというレベル。学習するときには、このレベルが目標になる。

「ラヴ」と言われたら、「愛」「love」って、すぐに出てくるっていう記憶のことですよね。そこまで覚えていることって、そんなにたくさんはないかもしれない……。

最後のオートマティックは「自動的」という意味で、思い出そうとしなくても、自然に浮かんでくるさらに高いレベルの記憶のこと。たとえば、自分の名前とか、家族の名前は考えなくても、すぐに浮かんでくる。いつも使っている言葉とか知識というのは、自然にこのオートマティックな記憶になっていく。携帯電話のかけ方、パソコンのインターネットの開き方とか、最初は説明書を見ながら、次は思い出しながら何度かやるうちに、考えなくても自然に手が動くようになる。これがオートマティックだ。

すごくレベルが高そうだけど、先生の言った携帯の話とか聞くと、自然にそうなる場合もあるんですね。

うん。私はこのオートマティックレベルになることを「**習熟**」と言っているんだけど、学習する上では重要になる。もちろん、通常の知識はさっきのリコールで充分で、英語の単語などはリコールレベルまで記憶していれば、なんの問題もない。でも、その知識を使って考えなくてはいけないこと、受験勉強なら、数学の公式のようなものは、オートマティックでないと素早く問題が解けないよ。複雑な数学問題になると、いくつもの公式を使わなければいけないから、その一つひとつを思い出している時間なんてないからね。

オートマティックですかぁ。さっきの携帯じゃないですけど、ホントに何度も繰り返さないとダメなんでしょうね。

数学で練習問題、応用問題をいくつも解くのが大事だといわれるのは、何度も使うことで、必要な公式をオートマティックな記憶にするという意味があるんだよ。

なるほど、そういうことかぁ。数学は得意じゃなかったから、そんなこと、全然気づかなかった。

集中学習と分散学習

さっき言ったように、すべてをオートマティックにする必要はなくて、多くの知識はリコールのレベルでいいわけだから、問題はいかに効率よくリコールまで記憶を持っていくかということだ。

覚えるのが苦手ということは、リコールのレベルまで到達していないってことなんですね。私の場合、今のお話だとリコグニションの記憶ばっかりなんだと思うんですよ。

学習の仕方は、大きく二つに分けることができる。**集中学習と分散学習**だ。集中学習というのは、同じことを一度に時間をかけて集中的に学習する方法、分散学習は同じことを何度かに分けて学習するというものだ。じゃあ、あいちゃん、記憶をリコールのレベルにするには、どちらの学習方法がいいと思う？

覚えたことを忘れないように、しっかりと定着させるには、反復することが大切だっていうことだから、分散学習……ですか？

正解！　一度、学習したことでも、二〇分たったら四割、一時間で半分以上記憶が薄れるという話はしたよね。それは、脳の海馬と側頭葉の働きと関係しているとも説明した。だから、側頭葉の記憶が薄れかけた頃に反復する、そして四回、五回と反復することで記憶を定着させる。

そのことは以前にもお聞きしました。何度も反復する間に、きちんと覚えていることが増えていくから、どんどん楽になるって……。あれっ？　先

生、こうやって何度も重要なことを教えてくれるって、これも反復学習!?

そういえばそうだな（笑）。でも、こうやって大事なことを繰り返せば、忘れないだろ？　私が受験生だった頃の勉強法は、とにかく詰め込みが主流だったから、英単語を覚えるなら、一つの単語をノートに五十回とか、一〇〇回とか書く。それで、一日に五十個とか一〇〇個とか覚える、そんな勉強法だった。それだけ集中してやれば、確かにその場は覚えるだろう。でも、一週間したら、一カ月したら、どれだけ覚えているかといったら、本当に半分以下なんだ。

私も同じような経験を何度もしました。「とにかく集中してやれ」って言われて。でも、頑張ったのに忘れちゃうと、やる気なくなっちゃいます。

まさにそうだよね。集中して学習したものは、すぐ完全に忘れてしまうわけじゃなくて、ファミリアのレベルにはあるんだ。リコグニションの段階のものもある。でも、知識として使えるリコールのレベルにあるものは、一週間したら、三分の一もないんじゃないかな。
だから、しっかり覚えたい、知識として身につけたいとなったら、やはり、集中学習は効率が悪いということになる。まあ、一夜漬けで明日の朝まで覚えていればいいというなら、別かもしれないけれど。

一夜漬けですか。私なんて、学校のテストはそればっかりだったかな。

一夜漬けの場合は、時間的に集中学習しかないのかもしれないけれど、それでも、「エビングハウスの忘却曲線」によれば、二四時間後には四分の三を忘れているのだから、これも問題あるよね。多分、リコグニションのレベルにはあっても、リコールの記憶は少ない。本当なら夜覚えたことを、朝もう一度ざっとでいいから見直す、そうしたら結果が全然違ってくるよ。

翌朝、覚えた内容が簡単でも復習しろってことですか？　よしっ、今度の年度末試験のとき、それでやってみよう。

いい眠りが記憶を定着させる

さっき、翌朝もう一度見直すだけでも一夜漬けの効果が上がるって言ったけど、それは睡眠と記憶、学習効果の関係がいろいろな研究でわかっているからそういえるんだ。アメリカの有名な心理学者のジェンキンスとダレンバックは、学習後に睡眠をとった場合と、とらなかった場合の記憶の違いの研究をしているし、ハーバード大学のスティックゴールド博士は、学習したその日に六時間以上の睡眠をとらないと、記憶として定着しにくいという研究結果を発表している。

寝ないとダメってことですか？　試験の前日なんて、いつもほとんど寝ないで学校に行っていました。寝ると忘れちゃいそうな気がして。逆なんで

すね？

そういう研究結果が出ているんだよ。試験の前の日は寝ずに勉強して、学校から帰ってきて寝て、それでまた朝まで勉強する――。そんな勉強の仕方は、すごい効率の悪いやり方なんだ。

私も徹夜明けの朝の試験で、「あれっ、これ、昨日の夜覚えたアレよね⁉」って思うんだけど、そのアレが思い出せないっていうのがよくあったんですよ。

それは、きっと学習したことが記憶として定着していないんだよ。

睡眠が記憶にとって大切で、深く関係している理由として、二つのことが考えられている。一つは「干渉」。記憶を定着させるには、睡眠も含めて、一定の時間や期間にわたる脳の活動が必要なんだけど、その間に何かの妨害が入ると、記憶がうまくいかない。そういったことから、睡眠中というのは外部から情報が入らないというか、遮断されている状態になっているから、干渉が起こらず、学習したことが記憶されやすい時間と考えられているんだ。

寝ている間は、邪魔されないってことですね。もう一つの理由はどういうことなんですか？

もう一つは脳の活動の問題だ。人間の睡眠には周期があって、「ノンレム睡眠」と「レム睡眠」を交互に繰り返している。

それ、知ってます。ノンレム睡眠が深い眠りで、レム睡眠は浅い眠りでしたよね？

うん。ノンレム睡眠は体も脳も休んでいる状態、レム睡眠は体は休んでいるけれども脳は活動している状態だ。このレム睡眠と記憶が深く関係しているといわれているんだ。この間に、記憶を定着させているのかもしれない。

ちゃんと寝ないと、ノンレム睡眠とレム睡眠を繰り返すよい眠りにならないって、聞いたことあります。

フラフラになって倒れるように寝たときは、いきなり深い眠り、ノンレム睡眠になって目覚める直前にレム睡眠になる、そういうふうにもいわれている。そんなレム睡眠がほとんど訪れない眠りだと、記憶が定着しないのかもしれない。

だから、六時間以上眠らなければいけないってことなんですね、きっと。でも、試験前なんて、六時間も寝る余裕なんてなかったもの。

でも、やっぱり寝なくちゃダメなんだよ。睡眠と記憶との関係を考えると、

「一度目の学習では完全に記憶しようとせずにリコールの状態にして、睡眠を挟んで、同じ内容を反復学習する」というのが、もっとも効率的で、効果的なやり方になる。

「寝る子は育つ」っていいますよね、あれって、勉強にもいえるんですね。

面白いこと言うなぁ。その通りかもしれないよ。

考えてみれば、**眠るということは時間を空けるということでもある**。眠っている間には、記憶が定着されると同時に、忘れてしまうこともあるはずだ。それを、朝起きてからもう一度学習し直す反復、分散学習が、もっとも効果的な学習法になるんだ。

じゃあ、さっき先生が言ったように、一夜漬けも翌朝、もう一度見直せば、効果が上がるということなんですね。

私は一夜漬けを勧めているわけじゃないんだよ。もし、どうしても一夜漬けをしなければならないなら、という話だからね。

それに、いい睡眠をとるということは、日常の学習においても大切なことだということはわかったよね。

モニタリングとコントロール

効率よく効果的に学習して記憶するためには、**自分がどの程度覚えているかをチェックしながら反復することがとても大切になる**。ある英単語を勉強して、自分では知っている、覚えていると思っていても、時間が経つにつれて記憶は薄れていって、いつの間にかファミリアのレベルになっているかもしれない。

その自分の記憶がどのレベルにあるかをいつも監視していなければならない。

これが「**モニタリング**」だ。

覚えているか、チェックするっていうことですか。

そう。覚えているはず、覚えているだろうといった主観的な判断ではなくて、客観的に判断する。これを**私は「メタ記憶」と呼んでいる**んだけど、自分自身に覚えているか問いかける作業といっていい。たとえば、「proud（誇りに思う）」という単語をあるときに記憶したとしたら、「proud」は前に勉強したから覚えているはずと思い込むのではなくて、きちんとリコールのレベルにあるか確認しなければいけないんだ。

そうか。自分ではリコールのつもりだったけれど、それは見たからわかった、つまり、リコグニションになっていることもありますよね。

そう。だから、モニタリングして忘れてしまった記憶は復習して、「覚えている」状態に戻さなければいけない。これが**「コントロール」**だ。**記憶というのは、モニタリングとコントロールを繰り返すことで強化され、知識として定着していく**んだ。

スケジュールをつくって効率的に記憶

モニタリングとコントロールの二つが大切ということは、計画的に覚えていかなければいけないってことですね？

その通りだよ。何でもただがむしゃらに、無計画にやっても効果は上がらない。非効率になってしまう。だから、スケジュールをつくって効率のいい学習をするべきなんだ。それに、人間の意志は当てにならないよね。頭の中でこういうふうに覚えていこうと思っていても、疲れてしまったりうまく覚えられなかったりすると、途中でやめてしまうことだってある。

う～ん……。自分の意志が当てにならないのは、いやというくらいわかってます。私って、何て意志の弱い人間なんだろうって……。

だから、スケジュールをつくる必要があるんだ。記憶には反復学習が大事だと何度も言ってきたけれど、肝心なのは、その反復をいつするか、それをより効果的にスケジューリングするんだ。

「エビングハウスの忘却曲線」によれば、人間の記憶は二〇分後には四二パーセントを忘れ、一時間後には五六パーセントを忘れていた。そうすると、二度目の学習は時間を置かずにやった方が効果的だということになる。

前に、授業や講義でやったことを次の休み時間にすぐ勉強する人の話をしたけど、スケジューリングの観点から見ても、あれは実に理に適った記憶定着法だということになるよね。

一度目の学習は、丸暗記ではなく、理解することを考える。

二度目の学習は一時間以内に行う。

これが、確実に、しかも効率よく覚えるためのスケジューリングの第一の鉄則となる。

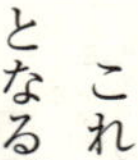
最初は理解することを意識して、一時間以内に復習すればいいんですね。

わかりやすい例として、英単語を覚える場合で考えてみようか。毎日、一時間で一〇〇個の英単語を覚えていくとする。詰め込み式の勉強法だと、一時間の暗記が終わったら覚えたものだと見なして、それで終わりだけれど、実はもう記憶は薄れていっている。

そこで、一時間後に本当に理解できているかをチェックする。これがモニタリングで、記憶できていないものは反復学習する。おそらく、そんなに時間はかからないはずだ。

覚え終わったら、すぐにチェックしてみるっていう感じですね。

うん。モニタリングそのものも、もう一度見直しているのだから、反復の効果はある。チェックして、覚えていたものはそのチェックによって記憶が強化されるというわけさ。

復習のときには、覚えていなかったものだけを復習すればいいんですね。これならできそう。

二日目は、初日にやった一〇〇個をまた反復する。これが三度目の学習になるのだから、多分、十分ぐらいで終わるんじゃないかな。その上で、新しい一〇〇個を覚え、一時間後にチェックする。

単にこれを繰り返していけばいいんだ。

でも先生、毎日繰り返していったら、勉強する量とか時間がどんどん増えていきませんか？

でも、前日やったことを復習する場合、それが三度目の学習だよね。記憶を定着させるには、四、五回学習すればいいと言われているから、四度目の学習は日を置いてもいいことになる。一週間後くらいでいいんじゃないかな。たとえば、月曜日から始めたとしたら、日曜日に月曜から水曜日までに覚えたことをモニタリングして、復習する。

そして、次の水曜か木曜あたりに、前の週の木曜から日曜日の分をモニタリング、復習する。そんなサイクルでいいんじゃないかな。

そうすると、日曜と木曜は学習量が増えるかもしれないけれど、その日以外は前日の復習とその日の学習だけでいい。それに、一週間後のチェックは四度目なのだから、量は多いといってもそんなに時間はかからないはずだよ。

記憶を定着させるためのスケジューリング

〈英単語を100個覚える場合〉

1回目 英単語を100個覚える

↓ 1時間後

2回目 （モニタリング）
記憶をチェックし、理解できていないものだけ反復学習する

↓ 翌日

3回目 （コントロール）
1回目にやったことを反復学習する

↓ 1週間後

4回目 （モニタリング）
記憶をチェックし、覚えていないものだけ反復学習する

※3回目では、2回目のモニタリングで記憶のレベルが上がっているので、1回目より大幅に時間短縮できる

※さらに新しい100個の単語を覚える場合は、3回目の学習時に新しい100個の学習を行い、その1時間後にモニタリング、翌日にコントロール、1週間後にモニタリング……と繰り返していく

なるほど！　どんどん楽になっていくんですね。ちょっと聞くと、すごい大変そうに思うけれど、これなら意外ときつくないかもしれない。

今話したのは、あくまでも暗記というか覚えるということだけを考えてのことだから、実際にはもっと楽かもしれない。その日に覚える一〇〇個の中にはすでに知っているもの、覚えているものもあるだろうし、文章を読んだり、問題を解いたりという勉強の中で、自然に復習していることだってあるからね。

記憶力の習得には得手不得手がある

先生、すぐに覚えられるものとなかなか覚えられないものがありますよね。それってどうしたらいいんですか？

誰でも、得意、不得意はあるよね。今例に挙げた英単語でも、すぐに覚えられて忘れないものもあれば、なかなか覚えられない、すぐに忘れてしまうものもある。

でも、難しい単語、あまり使わない単語だから覚えられないのかというとそういうことでもない。なぜそういう記憶上の違いが起こるのか、はっきりしたことはわかっていない。だからこそ、さっき話したモニタリングとコントロールが大事になるんだ。

そうか。自分でこれは得意で、こっちは苦手ってわかるわけじゃないから、いつもチェックしなければいけない……。

モニタリングとコントロールをするときに、つねに、前に話した記憶のどのレベルにあるのかをチェックしなければいけない。そのときに、「ターゲットレベル」と「警戒レベル」を設定しておくといい。

それって、どういうことですか？

ターゲットレベルは、どこまで記憶できていればいいかという目標だ。数学の公式とかなら、前に話した記憶の段階でいうオートマティック（自動的）のレベルが目標ということになるけど、普通はリコール（再生する）をターゲットレベルにすればいい。

じゃあ、警戒レベルってどういうことなんですか？

警戒レベルというのは、これ以上忘れてしまうと、目標であるリコールに引き上げるのが難しいレベルのこと、つまり、いくつかの中からなら記憶したものを選べるリコグニション（見分ける）の段階だ。だって、何となく知っているというファミリア（親近感）のレベルまで落ちてしまったら、またリコールまで上げていくには、一からやり直すのに近い学習が必要になってしまう。だから、リコグニションのレベルに落ちているものは、すぐそのときにもう一度リコールに戻さなくてはいけない。

先生は前に、最初の学習は理解することが大切で、記憶はリコグニションでいいっておっしゃいましたよね。

うん。でも、一度目に理解してリコグニションのレベルで覚えたことは、時間を置かずに二度目の学習、復習をして、翌日にはまた反復するのが一番効果的なんだよね。その二度目、三度目の学習でリコールにする。一度目の学習の目標はリコグニションといっても、印象的なこと、以前にも目にしたり、耳にしたことがあることなら、そこでリコールまでいく場合だってあるしね。

なるほど……。

ターゲットレベルのリコールにある記憶も、ずっとそのままというわけではないよね。使わないで、反復学習しなければいつかリコグニションになってしまうかもしれない。だから、ときどきモニタリングして、警戒レベルに落ちていないか、チェックしなければいけないというわけさ。

核をつくる雪ダルマ式記憶術

英単語のような、とにかく嫌でも覚えなければ勉強が先へ進まないものがある。専門用語などもそうだ。でも、多くの知識は体系的なものだから、個別に覚えるのは、実は効率がよくないんだ。

歴史もそうだし、経済や政治、文化など、みんな一つの事柄にいろいろな事柄が深くつながっているよね。それを別々に覚えるのは非効率だし、使える知識、生きた知識にはならない。

じゃあ、まとめて一緒に覚えるんですか？　そういうのって、かえって大変そうに感じるんだけど……。

これは覚えなくちゃ、知っておかなくてはと思うと、細かい部分まで覚えなくてはいけないと思ってしまうよね。でも、そうしたことは重要なことをしっかりと覚えていくうちに、自然にあとからついてくるものなんだ。**だから、最初は全体像をつかんで、核となることをしっかりと理解する**ことを意識するんだ。

絶対に必要っていうか、一番肝心なことをまず覚えるんですか？

覚えるというより理解するといった方がいいかな。テキストになるような本があるなら、その**核となることをきちんと理解しておいて、書かれていることが理解できるまで何度も読み込む。**

何度も読む……ですか。あれっ、これも反復学習になります？

いいところに気づいたね。そう、**何度も読んでいる間に、覚えなければいけないことは、自然に反復されて、覚えられる**よね。しかも、核になることを理解して読んでいくと、その周辺の事柄も次第に理解できていって、頭に入っていく。つまり、一つの事柄の周りに、いろいろな事柄がつながって、絡み合って、どんどん知識が膨らんでいくというわけだ。

それって、雪ダルマみたい。最初に小さい玉をつくって、雪の上を転がしてどんどん大きくしていくのに似てますよね。

雪ダルマ式記憶術

テキストの全体像をつかんで、まず「核」となる事柄を理解する

↓

テキストを繰り返し何度も読み込む

↓

「核」の周辺の事柄も自然に理解できるようになる

↓

「核」の周辺の事柄が記憶に定着する

↓

「核」の周辺の周辺の事柄も自然に理解できるようになる

↓

「核」の周辺の周辺の事柄が記憶に定着する

↓

記憶が雪ダルマ式に膨らんでいく!

記憶の雪ダルマを転がすと……

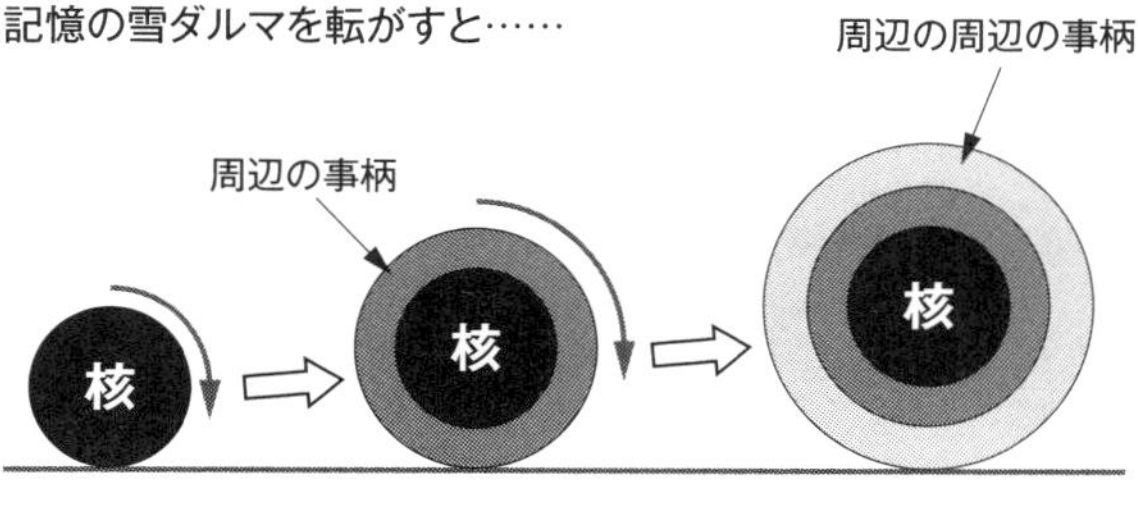

あいちゃんも雪ダルマを思い出したんだ。私もこのやり方を**「雪ダルマ式記憶術」**と呼んでいるんだ。

たとえば、日本の戦後の歴史について勉強しているとしよう。その核として、戦後の焼け野原から奇跡的に立ち直り、やがて「ジャパン・アズ・ナンバーワン」とまでいわれた経済の復興、成長を置く。そのとき、第二次世界大戦、太平洋戦争のことも当然知識として入ってくる。さらに、日本の復興と経済成長に大きな役割があったアメリカのことも学習するよね。それから、経済成長のきっかけとなった朝鮮戦争のこともある。そうすると国内のことだけでなく、中国のこと、ソ連のこと、東西冷戦のことといったいろんな戦後の世界情勢のことだって、知識として身についていく。

そうかぁ。日本の成長にかかわっていることが次々と出てきて、日本のことを勉強しているつもりが、世界のこととか、ほかの国のことなども頭に入ってくるってわけですね。

そういうことになるね。もっと細かい知識が必要になる場合もあるけれど、それらは、核になることに関連したことなのだから、まず核を理解していれば、細かいことを理解するのも覚えるのも、そんなに大変じゃないんだ。逆にいえば、**細かい知識というのは、核がわかっていなければ理解できないし、覚えられない**といってもいい。

この雪ダルマ式って、すごく面白そう。だって、知らないうちにどんどん知識が増えて、いろいろなことを覚えていくのなら、楽しいし、勉強も苦痛じゃないですね。

そうなんだよ。**学ぶということは、本当は面白いものなんだ。**覚えることだってそうだ。でも、理解するとか、知識として使うということを無視して、ただ詰め込むということばかりが強調され、つまらない、辛いだけのことのように思われてしまったんだ。

そうなんですね。この雪ダルマ式記憶術なら、いろいろなことが覚えられそうです。

あいちゃんだって、気づかないうちにこれまでに雪ダルマをつくっていたんだよ。だって、自分の好きなこと、興味のあることは、いやだと思わないで、本を読んだり、ネットで調べたりして、どんどん知識が増えていっただろう？ それは、雪ダルマっていうことさ。

あっ、そうか。自分の好きなことでは、もうやっていたんだぁ。それをいろいろなこと、これから勉強するときとか、覚えるときにも、意識してやればいいんですね。

そうだよ。**意識してやるかやらないかの違いはものすごく大きい。**あいちゃん、ずいぶんわかってきたね。

何だか、頭がいい人の勉強法がわかってきたみたい。次の講義でさらに磨きをかけて、私も頭がいい人になります！　先生、よろしくお願いします！

第４章のまとめ

■記憶には「親近感」「見分ける」「再生する」「自動的」の四つの段階がある

■夜覚えたことを、朝もう一度ざっと見直すだけで、失いかけた記憶が復活する

■覚える作業のあとに、六時間以上の睡眠をとらないと、脳に記憶が定着しにくい

■一番重要な部分を覚えると、その周辺の事柄も理解できて記憶が絡み合い、雪ダルマ式に知識量が膨らんでいく

第5章

資格試験・受験に強くなる記憶術

一〇〇倍速くなる「三位一体学習法」

ここからは、今まで話してきた記憶術と論理力を活用して、より効率的に学習して、大きな成果を得るための学習法について説明するよ。いいかな、あいちゃん？

ぜひ、お願いします！　今までの先生の話も私にはすごく新鮮で、とっても勉強になったけれど、具体的な学習法を教えてもらえると、もっともっと嬉しいです！

「一を聞いて十を知る」という言葉があるけれど、これまで話してきた記憶術は、これまでの詰め込み式と比べたら、まさにこの言葉くらい、つまりは十倍速くらいになる記憶術だと思うんだ。その記憶術と論理力を組み合わせれば、学習はもっと効率的になって速くなる。過去の非効率な勉強法と比べたら、十の二乗、一〇〇倍くらい効率的になる。

ええっ⁉　ホントですか？　一〇〇倍速いとしたら、いろいろなことがすぐに身につきそう！

論理的に物事を理解して、その上で必要なものを記憶する、その記憶したものを使って論理的に考える、このサイクルができあがると、論理力と記憶力が相乗効果を上げるんだ。

やっぱり、記憶力と論理力の二つを上手に活用するんですね。

そうだよ。ただ覚えるだけという勉強法は、効率が良くないからね。論理と記憶をフル活用してこそ、一〇〇倍速が可能になるんだ。一日の時間は決まっていて、さっき話したように、学習の効果を上げるためには眠ることも大切だ。そうなったら学習のための時間は限られている。効率のいい勉強をした人の勝ちだよ。

ホントそうですね。私、これまで効率の悪い勉強の仕方をしてきて、すごく損してきたんだって思います。

でも、これから一〇〇倍速で勉強すればいいじゃないか。この学習法を知らない人にグッと差をつけられるよ。

受験生もそうなんだけど、学校の教科書のほかに何冊も参考書を買って、勉強しようとする人がいるけれど、私はこうしたやり方には反対なんだ。だって、限られた時間の中では、そんなに何冊ものテキストや参考書をしっかりと読み込むことなんてできない。結局、どれも中途半端に終わってしまうケースが多いんだ。

あっ、私、その失敗派だったかも。大学受験のとき、教科書だけだと不安で、参考書を買ってくるんだけど、友達がこれがいいって言っているのを

聞くと、それも必要かなって思ってまた買っちゃったり。

そういうパターンは多いんだよね。でも、私は受験生には「学校の教科書でも予備校のテキストでも自分で選んだ参考書でもいいから、**一冊をバイブルにして、徹底的に読み込め**」と言うんだ。そして、前にも言ったように、その一冊を四回も五回も読み返す。

はい。記憶が定着するために、四、五回は反復するんですよね。確かに何冊もの参考書をそれだけの回数は読み込めない。

それに、必要な知識、どうしても覚えなければいけないことというのは、どのテキスト、参考書でも共通している。もちろん、こっちのテキストにはあって、もう一つにはないといったこともあるかもしれない。でも、それは重要なこと、絶対に覚えておいた方がいいことではない。だって、必要不可欠な知識であれば、どのテキストにだって書いてあるはずなんだから。
そして、大切なのは、バイブルである一冊を複合的に活用することだ。

う〜ん、複合的に、ですか……。どうやればいいんだろう。

うん。それは、次のような方法だ。

①理解→記憶→実践
②テキスト→ノート→問題集

あいちゃん、「何だ、そんなことか」と思ったんじゃないかな。当たり前に思うような学習法だよね。でも、よく考えてみれば、これほど理に適った学習法はないことがわかるよ。

そうなんですか？　でも、中学とか高校の頃に言われた勉強法とあまり変わらないような気もするけど……。

確かに、そう感じるかもしれない。でも、重要なのは、**何も考えずにこうした勉強法をするのではなくて、その意味を理解してやるっていうこと。なぜこの学習が必要なのか、どういう効果があるのかわかってやれば、積極さや真剣さが変わってくる。**これは結果に大きく結びつくよ。

それはそうだと思いますけど……。

まだ半信半疑かな？　①を説明すると、テキストを理解しながら、何度も読む。そして、読んで覚えた知識を、「エビングハウスの忘却曲線」に基づいた反復法で復習を繰り返して、高い記憶のレベル、リコールに留《とど》めるんだ。最後に覚えたことを実践練習して、知識を血肉化する。

実践練習というのは、問題集をやったり、文章を自分で書いてみたりということですか？

うん。②は①の教材を使っての説明なんだ。これはという一冊を徹底的に読んで理解して、その中の要点や記憶しなければいけないことを、自分なりにノートにまとめる。この段階で、知識は整理して理解され、反復されることで記憶のレベルも高まる。そして、練習問題をやることで、さらに反復になる。そして、関連する知識も身について、雪ダルマ式に増えていくということになる。

なるほど……。ただ、やるだけじゃないんですね。考えてみたら、理解するとか、実践するとかのときには、記憶と論理を一緒に活用しなければ効果的にできないですよね。

そうなんだよ。**この理解、記憶、実践という三つの要素をしっかりやって相乗**

「理解・記憶・実践」の三位一体学習法

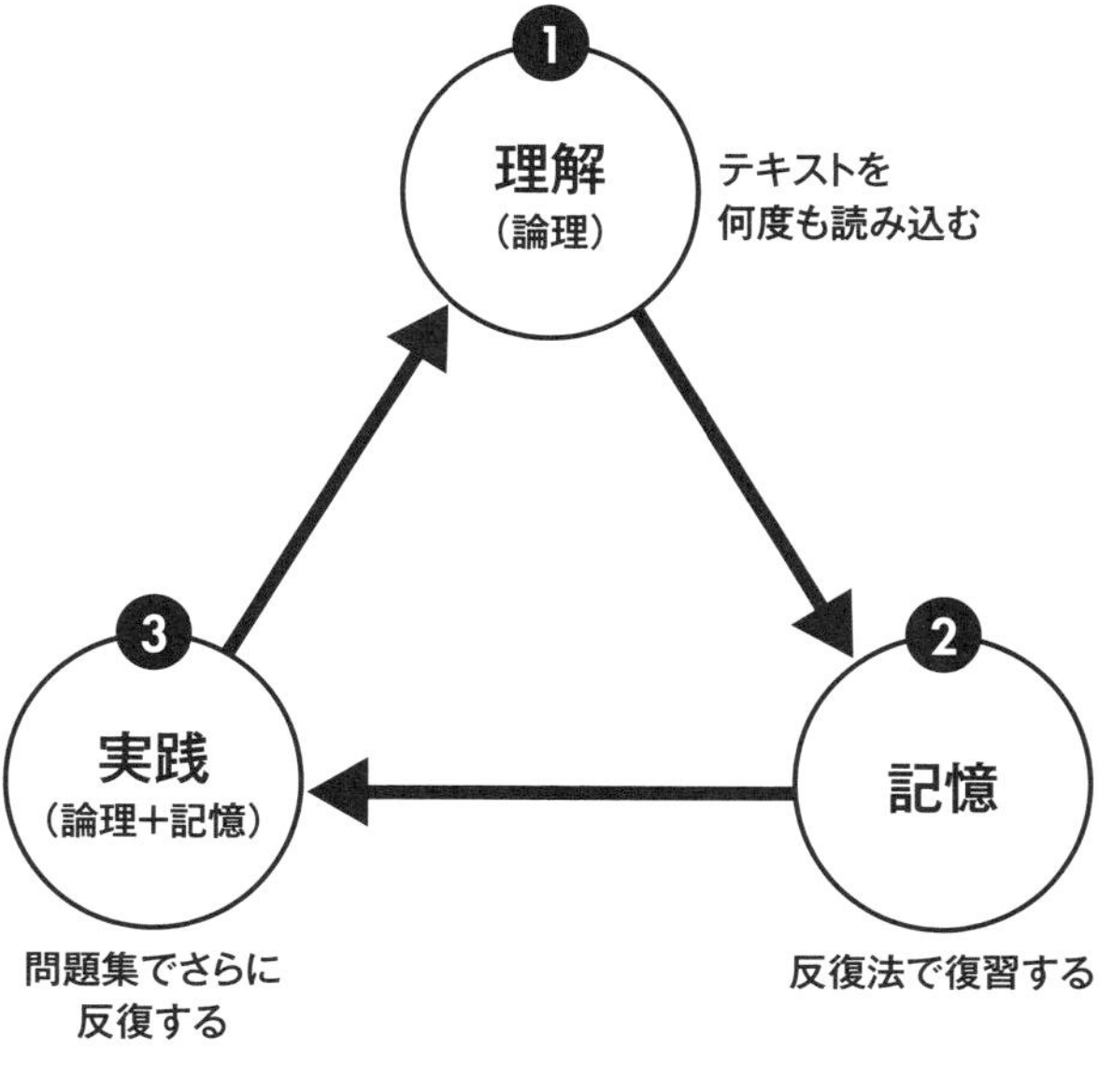

効果が生まれれば、本当にものすごく効率的に学習ができる。私はこれを「**三位一体学習法**」と呼んでいるんだ。

暗記系はこう勉強しろ

勉強をするときには、今まで話してきたように、理解と記憶の相乗効果が重要なんだけど、理屈抜きに覚えなければいけないものというのもある。もちろん、意味や使い方を理解して覚えなければ意味はないけれど、英語を勉強するなら英単語は覚えなければならないし、ビジネスの知識やスキルを身につけようと思ったら、専門用語や専門知識は不可欠だよね。

そんな場合は、前に先生が英単語を例に説明してくれた反復学習とか、モニタリング、スケジュールをきちんとすれば、効率的に覚えられるんでしたよね。

そう。繰り返しになるかもしれないけれど、その効果的なやり方をもう一度、簡単に説明してみるよ。

①記憶事項を確実にものにする。そのために、文章の中で覚える、因果関係を理解するなど、論理力を駆使する。

②記憶事項は雪ダルマ式に増えていくが、理解することを目的とした一度目の学習では完全に記憶しようとするのではなく、リコグニションレベルをまず目標とする。

③反復学習によって、リコールレベルまで持っていく。

④モニタリングで警戒レベルまで記憶が落ちていた場合は、間を置かずに反復学習してリコールレベルに戻し、それを維持する。

⑤記憶したものを使って文章を読んだり、考えて、知識を血肉化する。

暗記しなければいけないものの代表といったら、何度も言っているように英単語だけど、覚えるのに単語集をよく使う。あいちゃんは使った？

はい、使いました。高校受験のときはちょっと使ったぐらいだったけど、大学の受験のときは結構使ったかなぁ。

単語集は、受験生もそうだけど、資格試験とか高校や大学の受験以外でも使うこともあると思うから、ちょっとそれについて触れておこう。単語集を選ぶときに、どのページでもいいから、さっと開いてみて、一ページに載っている単語、たとえば一〇個だったら、そのうちいくつ知っているかをチェックするんだ。それで、そのうち半分以上見たことのない単語が並んでいるようなら、その単語集は使えない。

えっ、だって、知らない単語を覚えるのが目的なのに、どうしてダメなんですか？

普通はそう思うよね。でも、初めて見る単語ばかりを覚えるのは苦痛だから、それだけで長続きはしないんだ。その場合、受験生なら高校の教科書や予備校のテキストなど、できれば講義を受けたことのあるものをもう一度、読み返してみる。社会人の場合、語学学校に通っているならそこのテキストでもいいし、独学などテキストのない人は、自分のレベルに応じてなんだけれど、高校生や中学生のテキストや参考書を使えばいい。

先生、私が今英単語を覚えるとしたら、この場合は、高校の頃の教科書を使えばいいんですか？

そうだね。過去に勉強したことのあるテキスト、あるいはそれと同じレベルのものなら、出てくる単語の多くは、一度、覚えたことがあるはずなんだ。それを時間が経って忘れてしまっただけ。だから、**覚え直すのは、まったく一からはじめるよりも少しは楽になる**。その学習をやってから、もう一度さっきの単語集を見直すと、多分、載っている単語の七、八割は見たことがあるものになっているんじゃないかな。

そのページに十個の単語があるとして、そのうち半分がリコールレベル、二個か三個がリコグニションレベル、このくらいだったら、その単語集は効果的に使える。

まったく知らない単語ばかりを覚えるんじゃないんですね。

だって、中学から英語は勉強しているわけだから、難しい単語、滅多に使わない単語は別として、基本的に必要な単語は一度は目にしているだろうし、ある程度は覚えていると思うんだ。だから、それはまず思い出すというか、覚え直す方が先決なんだよ。

そして、単語集は手元に置いて、繰り返し眺める。**無理に覚えようとするのではなく、何度も反復するという行為が大事だ。**そうするうちに自然に覚え、記憶のレベルは上がっていくからね。

覚えようとしなくてもいいのかぁ。何度も反復すれば、覚えにくいものでも覚えていくんですよね。

うん。**覚えるため、というよりも忘れないため、というくらいの気持ちでいい。**

それから、次に英文を読むんだ。そうすると、テキストで勉強し直し、単語集で反復学習した単語が次々と出てきて、英文がスラスラと理解できるし、これがまた反復になる。もし、知らない単語が出てきても、ほかの単語がわかれば、意味を推察できるから、文章全体は理解できるはずだ。この単語集の使い方は、ほかの用語集などにも応用できるよ。

目からウロコっていうんですか。こういう単語集の使い方って、知っているようで知らないですよね。

試験のための英語勉強法

では次のステップとして、これまでの繰り返しになる部分もあるけれど、基本的なこと、たとえば単語とか文法とか、そういった覚えなくてはいけないことの学習法をおさらいしよう。

高校や予備校、あるいは語学学校の授業を受けているなら、予習→授業→復習→学校のテスト→模擬試験などを前にしてのレベル確認と反復→本番を直前にしての最終チェック、という一連のスケジュールで学習すればいい。

最終チェックのときには、ほとんどの記憶事項は頭に入っていて、記憶漏れは少ないはずだ。単語や熟語、文法が頭に入れば、あとは英文の読解力ということになるのだけれど、新聞や本を論理的に読んで、論理力が身についていれば、心配はいらない。

そうなんですか？　論理のトレーニングで読んだのは日本語の新聞や本ですよ。英語の文章は読んでないですけど。

そうだけど、**文章を論理的に読み解いていくということにおいては、日本語も英語も一緒だ。**英語の単語や述語、文法の知識があってさらに論理力があれば、英文だって日本語と同じように読めるはずだよ。もし、日本語の文章は論理的に読めるのに英文は読めないのだとしたら、それは単語や文法の知識不足ということになるんじゃないかな。

なるほど。日本語も英語も、それを読み解くのは論理の力による、ということですね。基本となる単語や文法を知っておくことはもちろん必要でしょうけど。

論理というのは言語に関係なく共通だし、もともと日本語よりも英語の方が論理的な言語なんだから、かえって論理的に読むという点ではわかりやすいんじゃないかな。

日本語には、論理を背後に隠した文章もたまにあるからね。それに、日本語の場合、段落に**「意味段落」**と**「形式段落」**があるから、段落が変わったからといって、別なことを述べていると判断してはいけないんだけど、**英語には意味段落しかない**から、段落が変わったら、それまでとは別な話題に変わったと判断できるんだ。だから、段落ごとにその主張や論理を読み取っていけばいい。その点では、もし意味のわからない言葉が出てきた場合でも、日本文よりも英文の方が文脈や全体の内容から言葉の意味も推察できるし、要旨をつかむには一つ、二つ言葉がわからなくても大丈夫だといえる。

そうなんですね。英語っていうと、つい読むのが大変と思っちゃいますけど、論理があれば難しくないんだ。

そうなんだ。これは英語だけじゃなくて、ほかの言語、フランス語でもスペイン語でも中国語でも同じことなんだ。それに、受験生が苦労する古文もそう。古文の文法と特有の言葉を知っていれば、あとは現代文と同じように読めば、何が書かれているかはわかるものなんだよ。

私、古文が苦手でした。得意な同級生を見て、何で読めるんだろうって思っていたけれど、文法と言葉がわかって、論理力があれば、現代文を読むのと同じなんですね。そうか、日本語で書かれているけれど、文法や言葉の意味を知らないということでは、英語と同じなのか。ということは、英語と同じ勉強の方法で読めるようになるんですね。

そうなんだよ。現代文にはない言葉とか、現代文とは違う文法を覚えれば、あとは難しくない。ちょっと勉強すれば、あいちゃんも『源氏物語』を原文でスラスラ読めるようになるよ。

そうですか？　そうなったらすごい！　『源氏物語』は、ぜひ一度チャレンジしてみたいなぁ。

ビジネススキル獲得術

じゃあ、次は、あいちゃんが就職したら、きっと必要になるビジネススキルをどうやって身につけていったらいいかを考えてみようか。

あっ、それ、ぜひお願いします。まだ就職は決まっていないけど、働くようになったら、仕事も頑張りたいんで。

ビジネススキルといっても、大きく二つに分けられる。一つは資料の読み方、企画書や報告書の書き方といったこと、もう一つは専門知識とか一般的な知識、教養といったこと。

このどちらにも大切なのは、やはり論理力ということになる。資料や専門書を読んだり、企画書などの文章を書くには、論理力が必要だからね。とくに企画書などのビジネス文書は、論理的に簡潔に書かれていなければ、自分の考えが正確に伝わらないし、説得力がない。つまりは論理力がなければ書けないんだ。知識が必要なのは当然だけど、ビジネス文書で悩んでいる人というのは、論理力がしっかり身についていないケースが多い。

ビジネス文書は、まず論理力ですか。

そうだね。学生が社会に出たときに一番戸惑い、悩むのがコミュニケーションなんだけど、これも論理力の不足といってもいい。年齢も立場も違う人とコミュニケーションをとる、つまり、**相手の考えを理解し、自分の意見をわかってもらうには、前に話した他者意識と論理力が必要になる**んだ。

コミュニケーションかぁ、不安だな。言葉遣いとか敬語とか、すごく心配です。

でも、いきなり役員秘書とかになるのでなければ、そんなに心配しなくていいんじゃないかな。もちろん、学生時代のままというか、友達同士のような感覚ではまずいけれど、常識の範囲内での言葉遣いができればいいんだ。だから、言葉遣いというより、自分の伝えたいことを論理的に、相手にわかりやすく話せるとか書けることの方が大事になるよ。

そうなんですか。あと、先生がさっき言った専門知識とか一般的な知識や教養はどうすればいいんですか？

これはさっき説明した学習法、「三位一体学習法」が有効だと思う。記憶しなければいけないこともあるし、本を読まなければいけないこともあるから、まさに記憶術と論理力をフル活用して、効率的に身につけることを考えなくてはいけないだろうね。

じゃあ、大学受験とか資格試験の勉強と一緒ということですか？

うん。知識を身につけるという点では、試験に向けた勉強も、仕事のスキル獲得も同じだ。その場合は、理解して、記憶して、実践するというやり方がもっとも理に適っていて、効果がある。

一〇〇倍覚えられるノート活用法

これまで話してきた学習法のどれにも応用できると思うんだけど、**ノート**を活用すれば、より効率的に成果を上げられるんだ。

ノートって、普通のノートですか？　どこにでも売っている？

うん。いわゆる大学ノートと呼ばれているノートだよ。あいちゃんだって、大学の講義ではいまもノートは使っているだろう？

はい、使っています。でも、ノートを使うのは、それくらいで、ほかはパソコンを使っちゃうことが多いですけど。

受験勉強でもなんでもそうだけど、ものを覚える、知識を増やすには、理解して整理することが大切。そのときには、前にも少しだけ触れたけど、**自分のノートをつくることがすごく役に立つ**んだ。

ノートを上手に使うと、次の三つのメリットがある。

①物事を整理し、体系づけることができる。
②記憶したいことを保存、管理できる。
③それらを活用し、血肉化できる。

この三つのポイントをフルに活用してノートを使えたら、ものすごく学習効果が上がるよ。

そうなんですか。そこまで深く考えてノートを使ってこなかった。

あいちゃんだけでなく、ノートの活用法を知らない人がすごく多い。何も考えずにノートをつくったら、①を活用できないし、何が重要か考えずに何でも書いていたら、②が活用できない。ノートを書いたらそれで終わりという人は、③が活用できていない。

ノートはつくるのも大事だけれど、それをいかに活用するかがもっとも大事だといってもいいな。

ノートを書いたあとに活用するんですね。ノートって、書いちゃうとそれで終わったような気になっちゃうところがあって。

そういう人は多いよ。そんな人のノートはいつまで経ってもきれいなままだ。

ドキッ！　何か、汚しちゃうっていうか、いろんなことを書くと、わけがわからなくなりそうで。

もちろん、書くのは大切なこととか覚えなくてはならないことだけど、あとになってきちんと覚えたものとか、不必要だと思ったものは、線を引くなどしてどんどん消していけばいい。そのときにも知識を整理できるし、反復学習にもなる

100倍覚えられるノートのつくり方

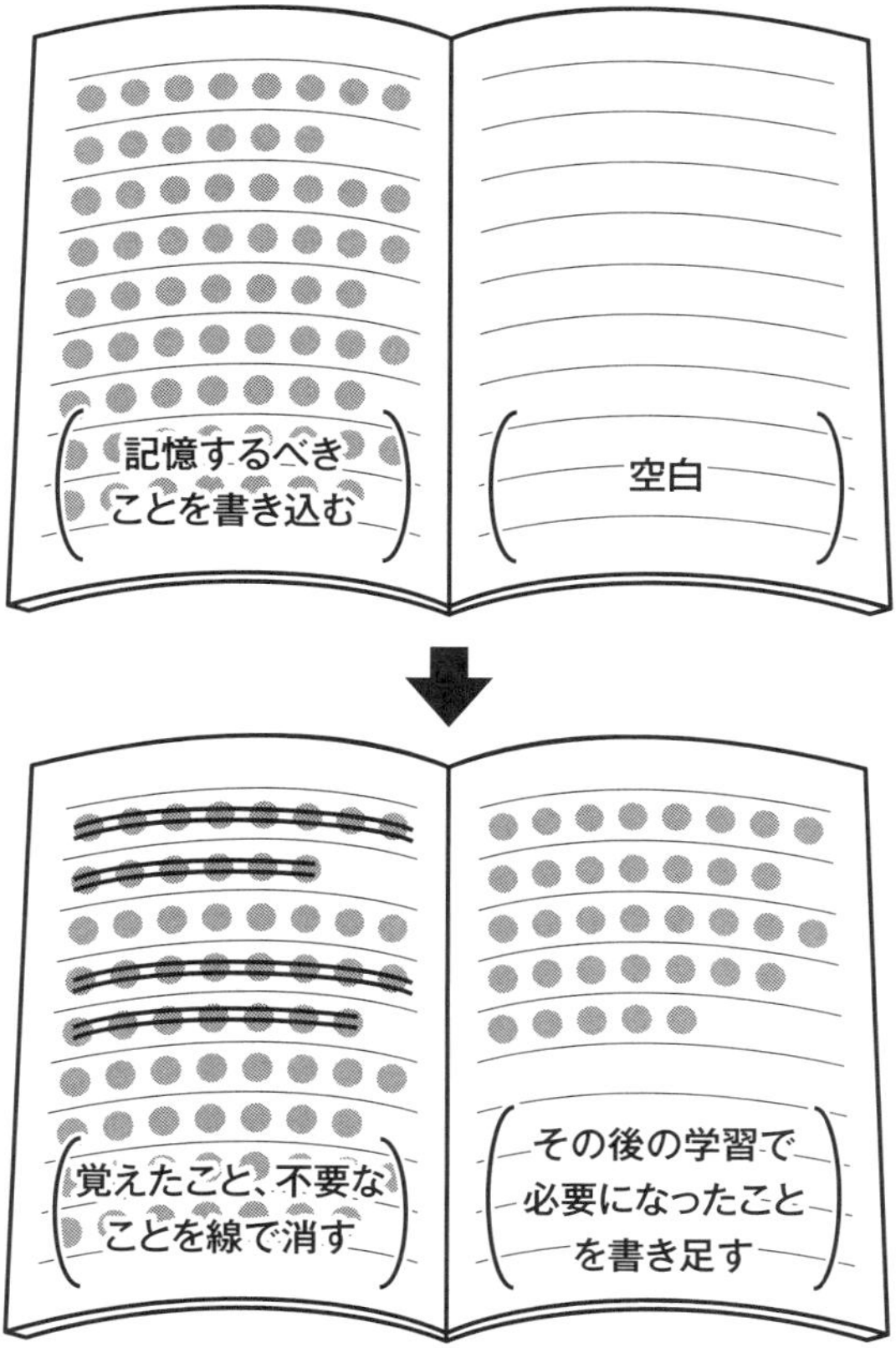
記憶するべきことを書き込む
空白
覚えたこと、不要なことを線で消す
その後の学習で必要になったことを書き足す

わけだから。

ノートは汚れていた方が、それだけいろいろなことを勉強して、覚えたっていうことになる？

そう。ノートはボロボロになるまで使いこなすべきだよ。もし、使えなくなったら新しいノートを買ってつくり直せばいい。

そのときに、もう覚える必要のないものは省いていき、新たに必要だと感じたものをまた書けばいいんだから、ノートの内容は新しくなって、レベルも上がっていくはずだ。

私が受験生などに勧めているのは、左ページに記憶するべき事項を整理して書いていって、右ページは空けておくというつくり方なんだ。

右ページには何も書かないんですか？

最初にノートをつくるときにはね。**右ページはそのあとの学習で必要になったことを書き足すためのスペース**だ。

加えて、**左ページに書いたことに関連して覚えた方がいいことなどを、どんどん書いていく**。こういうノートの使い方をすれば、前に話した「雪ダルマ式」に知識が増えていく。

そうか。左ページに書くのは、雪ダルマの最初につくる小さな玉で、右ページに何か書かれていくたびに、雪ダルマが大きくなる……。

その通り。こんなノートの使い方ができるようになれば、学習効果がグングン上がる。

最近はパソコンやタブレットを使う人が多いけど、ノートの良さは本当にあなどれないですね。

論理的に書いたり、話したりする力を養う上でも、ノートの活用はとても有効だ。新聞の社説でも、読んだ本の一部でもいいから、自分の頭の中で組み立てて、ノートに簡潔に要約していく。この作業は、論理力を鍛える上で、とてもいいトレーニングになるんだ。

アナログ的なやり方と思うかもしれなけど、試験などの本番では、今でもキーボードを打って回答を入力するということはほとんどない。**紙に書くという作業は、そういう意味でもいいリハーサルになるし、ウォーミングアップにもなる。**

あいちゃんはこれから就職戦線を勝ち抜かなくちゃならないし、社会に出ても、たくさんのことを学んでいかなくてはいけないだろうから、いままで話した記憶術や学習法、そしてノートの使い方をぜひ参考にしてもらいたいな。

あいちゃんからの「内定をもらえました！」っていう連絡を楽しみに待ってる

よ。

先生、ありがとうございます！　今回のお話、すご～く勉強になりました。
よし、絶対に就職試験にパスするように頑張るぞ！

第５章のまとめ

■論理力と記憶力をフル活用すれば、学習効果は一〇〇倍に加速する

■学習用のテキスト・参考書は、あちこちに手を出さず一冊をバイブルにして、四回も五回も読み込め！

■「理解→記憶→実践」は学習法の鉄則。練習問題で「実践」することで反復が行われ記憶レベルがアップする

■ノートは、それに書くことで記憶したいことを整理、保存、管理し、血肉化できる最高の記憶ツール

おわりに

本書を読み終えた方は、巷《ちまた》で喧伝《けんでん》されている多くの「○○式記憶術」に比べて、私が紹介した方法があまりにも簡単なので、少々驚かれたかもしれません。

確かに、従来の記憶術の中には、それを覚えるのがまた一苦労というような、複雑かつ難解なものも少なくありませんでした。

私はこれまで三十年以上、予備校の講師として受験生に現代文と小論文を指導してきました。その中で、論理力とリンクさせることで記憶力が大幅に向上することに気づいたのです。

読者の中には、まだ半信半疑の方もいらっしゃるかもしれません。「論理力を鍛えれば、記憶力が向上するなんて……」そう思っている方もいるでしょう。

実は、記憶において論理力が大切ということを身をもって体験し、その恩恵にあずかっているのはこの私自身なのです。

私はもともと覚えることが苦手で、受験でも苦労しました。それが、論理力によって記憶力を高められることに気づき、自ら実践して以来、記憶するという作業が苦痛でなくなりました。

現在では、苦痛どころか、記憶のストックがどんどん増えていくことが楽しくてしょうがありません。おかげで、私の関心はさまざまな分野に広がり、多くの知識を得て、人生をより豊かにすることができています。

繰り返しになりますが、記憶力を高めるポイントは、論理力とリンクさせるだけです。簡単といえばこれ以上簡単な記憶術はないかもしれません。

論理力が身につけば、それまで理解できずに覚えられなかったことも知識としてどんどん覚えることができるようになります。

こうして記憶力が向上すると、知識が増え、それにともなって理解力が向上し、論理力も鍛えられていくのです。

論理力と記憶力は車の両輪——。

つまり、どちらか一つが欠けてもダメなのです。

記憶力をアップさせることで、あなたはビジネスや勉強の現場で何よりも頼りになる最強の武器を手に入れることができるでしょう。その武器を使って、あなたの夢に向かってどんどんチャレンジしていってください。

私も、あいちゃんも、心から応援しています！

出口　汪

出口《でぐち》汪《ひろし》の「すごい!」記憶術《きおくじゅつ》

2013年2月25日　初版第1刷発行

著者　出口《でぐち》 汪《ひろし》

発行者　新田光敏

発行所　ソフトバンク クリエイティブ株式会社
〒106-0032　東京都港区六本木 2-4-5
電話 03-5549-1201（営業部）

印刷・製本　中央精版印刷株式会社

編集協力　コーエン企画

イラスト　ソウ

ブックデザイン　村橋雅之

校正　株式会社文字工房燦光

本文組版　アミークス

落丁本、乱丁本は小社営業部にてお取り替えいたします。
定価は、カバーに記載されております。
本書に関するご質問は、小社ソフトバンク文庫編集部まで書面にてお願いいたします。

 ISBN 978-4-7973-7290-8